교과서 실생활 문해력

4단계

초등 3·4학년

들어가며

학교에서 필요한 문해력과 실생활에서 필요한 문해력을

따로 공부할 필요가 있을까요?

"문해력이 필요한 순간은 언제나 있습니다"

이 책은
문해력 학습의 효율을 확 높였습니다

두 가지를
담았어요

교과서
문해력

실생활
문해력

교실 문해력으로
4주 완성 챌린지를
함께 해요!

구성과 특징

교실 문해력

왜 필요할까요?

문해력은 학교에서 학습할 때는 물론 일상생활 전반에서 필요한 능력입니다.
교과 관련 내용을 담은 글을 읽고 쓰는 것은 물론, 실생활에서 접하는 다양한 매체를 보고 문제를 해결하는 능력을 갖출 필요가 있습니다.

어떻게 사용할까요?

날마다 6쪽씩 재미있게 학습합니다.
어휘를 풍성하게 하는 낱말 학습, 유익한 교과 관련 내용을 담은 교과서 문해력 지문 독해, 주변에서 볼 수 있는 다양한 실생활 문해력 지문을 독해 후 확인 문제를 풀어 봅니다.

그래서 어떤 효과가 있을까요?

글을 읽고 의미를 바르게 이해함으로써 교과 과정 내용을 수월하게 따라갈 수 있습니다.
또한 말과 글에 담긴 뜻을 제대로 파악하여 사람들과 원활하게 소통할 수 있습니다.

이렇게 공부해요

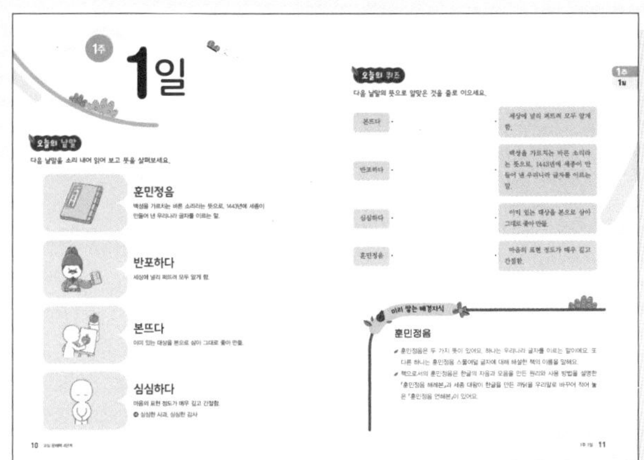

1 준비 학습

낱말을 그림과 함께 쉽게 익혀요. 퀴즈를 통해 학습한 낱말을 점검하고, 지문에 대한 배경지식을 쌓아요.

학습 point

국어 기초 어휘 목록을 토대로 선정한 낱말을 학습하며 나의 어휘력을 넓혀요. 어휘력은 문해력의 기본!

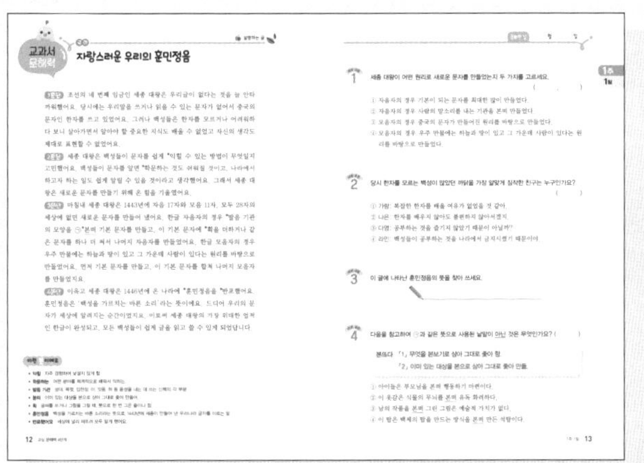

2 교과서 문해력

국어, 사회, 과학, 도덕, 체육 등 주요 교과와 관련된 지문을 읽고 교과 핵심 내용을 익혀요.

학습 point

최신 국어과 교육과정의 읽기 내용 요소를 담아, 읽기만 해도 문해력을 쑥 끌어올릴 수 있어요!

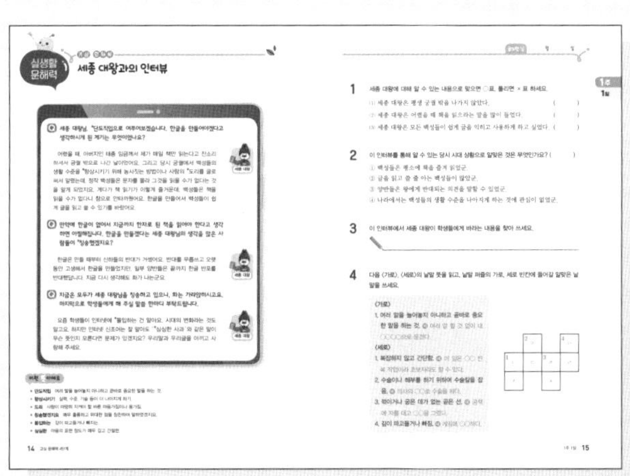

3 실생활 문해력

백과사전, 동영상, 안내문, 신문 기사 등 실생활에서 접하는 친숙한 문서들을 즐겁게 읽어요.

학습 point

최근 계약서, 약관, 뉴스 등 실생활에서 접하는 매체를 올바르게 읽고 쓰는 능력이 중요해지고 있어요!

차례

4주 완성 챌린지 시작!

1주

교과서 문해력과 실생활 문해력을
한번에 키워 보세요.

일자	오늘의 낱말	오늘의 읽을거리	스스로 평가
1일	• 훈민정음 • 반포하다 • 본뜨다 • 심심하다	교과서 자랑스러운 우리의 훈민정음 실생활 세종 대왕과의 인터뷰	
2일	• 경관 • 암석 • 전역 • 온화하다	교과서 화석은 어떻게 만들어질까요? 실생활 공룡 박물관에 갔어요	
3일	• 자르다 • 절단하다 • 재다 • 측정하다	교과서 무게를 알아보자 실생활 코끼리의 무게를 측정해요	
4일	• 유산 • 자산 • 보존되다 • 지정하다	교과서 우리 지역의 국가유산 실생활 한국의 유네스코 세계 유산	
5일	• 탑승 • 꼼꼼하다 • 복잡하다 • 필요하다	교과서 놀이공원의 지도를 봐요 실생활 안전하게 놀이공원에서 놀아요	

1주 1일

오늘의 낱말

다음 낱말을 소리 내어 읽어 보고 뜻을 살펴보세요.

훈민정음

백성을 가르치는 바른 소리라는 뜻으로, 1443년에 세종이 만들어 낸 우리나라 글자를 이르는 말.

반포하다

세상에 널리 퍼뜨려 모두 알게 함.

본뜨다

이미 있는 대상을 본으로 삼아 그대로 좇아 만듦.

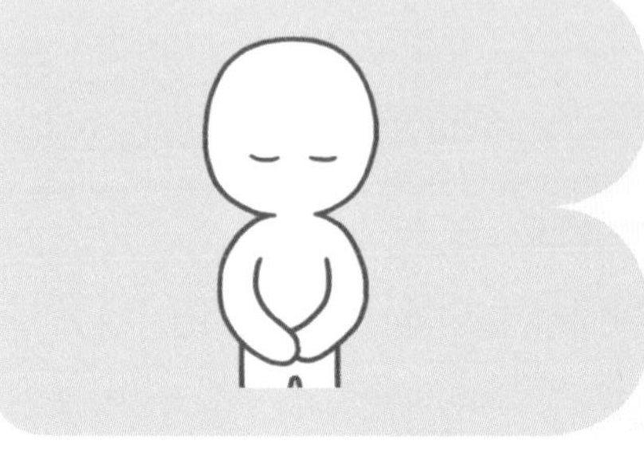

심심하다

마음의 표현 정도가 매우 깊고 간절함.

예 심심한 사과, 심심한 감사

오늘의 퀴즈

다음 낱말의 뜻으로 알맞은 것을 줄로 이으세요.

본뜨다 •	• 세상에 널리 퍼뜨려 모두 알게 함.
반포하다 •	• 백성을 가르치는 바른 소리라는 뜻으로, 1443년에 세종이 만들어 낸 우리나라 글자를 이르는 말.
심심하다 •	• 이미 있는 대상을 본으로 삼아 그대로 좇아 만듦.
훈민정음 •	• 마음의 표현 정도가 매우 깊고 간절함.

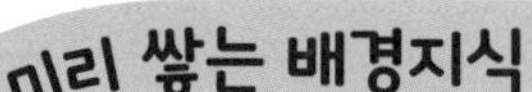

훈민정음

- 훈민정음은 두 가지 뜻이 있어요. 하나는 우리나라 글자를 이르는 말이에요. 또 다른 하나는 훈민정음 스물여덟 글자에 대해 해설한 책의 이름을 말해요.
- 책으로서의 훈민정음은 한글의 자음과 모음을 만든 원리와 사용 방법을 설명한 『훈민정음 해례본』과 세종 대왕이 한글을 만든 까닭을 우리말로 바꾸어 적어 놓은 『훈민정음 언해본』이 있어요.

교과서 문해력

국어

자랑스러운 우리의 훈민정음

1문단 조선의 네 번째 임금인 세종 대왕은 우리글이 없다는 것을 늘 안타까워했어요. 당시에는 우리말을 쓰거나 읽을 수 있는 문자가 없어서 중국의 문자인 한자를 쓰고 있었어요. 그러나 백성들은 한자를 모르거나 어려워하다 보니 살아가면서 알아야 할 중요한 지식도 배울 수 없었고 자신의 생각도 제대로 표현할 수 없었어요.

2문단 세종 대왕은 백성들이 문자를 쉽게 •익힐 수 있는 방법이 무엇일지 고민했어요. 백성들이 문자를 알면 •학문하는 것도 쉬워질 것이고, 나라에서 하고자 하는 일도 쉽게 알릴 수 있을 것이라고 생각했어요. 그래서 세종 대왕은 새로운 문자를 만들기 위해 온 힘을 기울였어요.

3문단 마침내 세종 대왕은 1443년에 자음 17자와 모음 11자, 모두 28자의 세상에 없던 새로운 문자를 만들어 냈어요. 한글 자음자의 경우 •발음 기관의 모양을 ㉠ •본떠 기본 문자를 만들고, 이 기본 문자에 •획을 더하거나 같은 문자를 하나 더 써서 나머지 자음자를 만들었어요. 한글 모음자의 경우 우주 만물에는 하늘과 땅이 있고 그 가운데 사람이 있다는 원리를 바탕으로 만들었어요. 먼저 기본 문자를 만들고, 이 기본 문자를 합쳐 나머지 모음자를 만들었지요.

4문단 이윽고 세종 대왕은 1446년에 온 나라에 •훈민정음을 •반포했어요. 훈민정음은 '백성을 가르치는 바른 소리'라는 뜻이에요. 드디어 우리의 문자가 세상에 알려지는 순간이었지요. 이로써 세종 대왕의 가장 위대한 업적인 한글이 완성되고, 모든 백성들이 쉽게 글을 읽고 쓸 수 있게 되었답니다.

이런 뜻이에요

- **익힐** 자주 경험하여 낯설지 않게 할.
- **학문하는** 어떤 분야를 체계적으로 배워서 익히는.
- **발음 기관** 성대, 목젖, 입천장, 이, 잇몸, 혀 등 음성을 내는 데 쓰는 신체의 각 부분.
- **본떠** 이미 있는 대상을 본으로 삼아 그대로 좇아 만들어.
- **획** 글씨를 쓰거나 그림을 그릴 때, 붓으로 한 번 그은 줄이나 점.
- **훈민정음** 백성을 가르치는 바른 소리라는 뜻으로, 1443년에 세종이 만들어 낸 우리나라 글자를 이르는 말.
- **반포했어요** 세상에 널리 퍼뜨려 모두 알게 했어요.

세부 내용 **1** **세종 대왕이 어떤 원리로 새로운 문자를 만들었는지 두 가지를 고르세요.** (,)

① 자음자의 경우 기본이 되는 문자를 최대한 많이 만들었다.
② 자음자의 경우 사람의 말소리를 내는 기관을 본떠 만들었다.
③ 모음자의 경우 중국의 문자가 만들어진 원리를 바탕으로 만들었다.
④ 모음자의 경우 우주 만물에는 하늘과 땅이 있고 그 가운데 사람이 있다는 원리를 바탕으로 만들었다.

내용 추론 **2** **당시 한자를 모르는 백성이 많았던 까닭을 가장 알맞게 짐작한 친구는 누구인가요?** ( )

① 가람: 복잡한 한자를 배울 여유가 없었을 것 같아.
② 나은: 한자를 배우지 않아도 불편하지 않아서겠지.
③ 다영: 공부하는 것을 즐기지 않았기 때문이 아닐까?
④ 라민: 백성들이 공부하는 것을 나라에서 금지시켰기 때문이야.

이 글에 나타난 훈민정음의 뜻을 찾아 쓰세요.

다음을 참고하여 ㉠과 같은 뜻으로 사용된 낱말이 아닌 것은 무엇인가요? ( )

> **본뜨다** 「1」 무엇을 본보기로 삼아 그대로 좇아 함.
> 「2」 이미 있는 대상을 본으로 삼아 그대로 좇아 만듦.

① 아이들은 부모님을 본떠 행동하기 마련이다.
② 이 옷감은 식물의 무늬를 본떠 유독 화려하다.
③ 남의 작품을 본떠 그린 그림은 예술적 가치가 없다.
④ 이 탑은 백제의 탑을 만드는 방식을 본떠 만든 석탑이다.

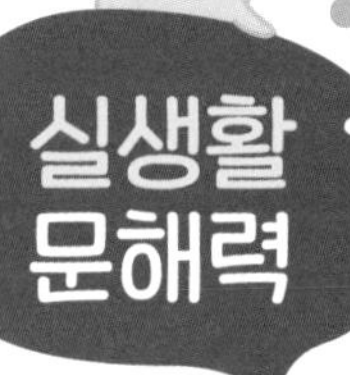

실생활 문해력

가상 인터뷰

세종 대왕과의 인터뷰

Q 세종 대왕님. •단도직입으로 여쭈어보겠습니다. 한글을 만들어야겠다고 생각하시게 된 계기는 무엇이었나요?

어렸을 때, 아버지인 태종 임금께서 제가 매일 책만 읽는다고 잔소리 하셔서 궁궐 밖으로 나간 날이었어요. 그리고 당시 궁궐에서 백성들의 생활 수준을 •향상시키기 위해 농사짓는 방법이나 사람의 •도리를 글로 써서 알렸는데, 정작 백성들은 문자를 몰라 그것을 읽을 수가 없다는 것을 알게 되었지요. 게다가 책 읽기가 이렇게 즐거운데, 백성들은 책을 읽을 수가 없다니 참으로 안타까웠어요. 한글을 만들어서 백성들이 쉽게 글을 읽고 쓸 수 있기를 바랐어요.

Q 만약에 한글이 없어서 지금까지 한자로 된 책을 읽어야 한다고 생각하면 아찔해집니다. 한글을 만들겠다는 세종 대왕님의 생각을 많은 사람들이 •칭송했겠지요?

한글은 만들 때부터 신하들의 반대가 거셌어요. 반대를 무릅쓰고 오랫동안 고생해서 한글을 만들었지만, 일부 양반들은 끝까지 한글 반포를 반대했답니다. 지금 다시 생각해도 화가 나는군요.

Q 지금은 모두가 세종 대왕님을 칭송하고 있으니, 화는 가라앉히시고요. 마지막으로 학생들에게 해 주실 말씀 한마디 부탁드립니다.

요즘 학생들이 인터넷에 •몰입하는 건 알아요. 시대의 변화라는 것도 알고요. 하지만 인터넷 신조어는 잘 알아도 '•심심한 사과'와 같은 말이 무슨 뜻인지 모른다면 문제가 있겠지요? 우리말과 우리글을 아끼고 사랑해 주세요.

이런 뜻이에요

- **단도직입** 여러 말을 늘어놓지 아니하고 곧바로 중요한 말을 하는 것.
- **향상시키기** 실력, 수준, 기술 등이 더 나아지게 하기.
- **도리** 사람이 마땅히 지켜야 할 바른 마음가짐이나 몸가짐.
- **칭송했겠지요** 매우 훌륭하고 위대한 점을 칭찬하여 말하였겠지요.
- **몰입하는** 깊이 파고들거나 빠지는.
- **심심한** 마음의 표현 정도가 매우 깊고 간절한.

1 세종 대왕에 대해 알 수 있는 내용으로 맞으면 ○표, 틀리면 ×표 하세요.

⑴ 세종 대왕은 평생 궁궐 밖을 나가지 않았다. ( )

⑵ 세종 대왕은 어렸을 때 책을 읽으라는 말을 많이 들었다. ( )

⑶ 세종 대왕은 모든 백성들이 쉽게 글을 익히고 사용하게 하고 싶었다. ( )

2 이 인터뷰를 통해 알 수 있는 당시 시대 상황으로 알맞은 것은 무엇인가요? ( )

① 백성들은 평소에 책을 즐겨 읽었군.

② 글을 읽고 쓸 줄 아는 백성들이 많았군.

③ 양반들은 왕에게 반대되는 의견을 말할 수 있었군.

④ 나라에서는 백성들의 생활 수준을 나아지게 하는 것에 관심이 없었군.

3 이 인터뷰에서 세종 대왕이 학생들에게 바라는 내용을 찾아 쓰세요.

4 다음 〈가로〉, 〈세로〉의 낱말 뜻을 읽고, 낱말 퍼즐의 가로, 세로 빈칸에 들어갈 알맞은 낱말을 쓰세요.

〈가로〉

1. 여러 말을 늘어놓지 아니하고 곧바로 중요한 말을 하는 것. 예 여러 말 할 것 없이 내 ○○○○으로 묻겠다.

〈세로〉

1. 복잡하지 않고 간단함. 예 이 일은 ○○ 반복 작업이라 초보자라도 할 수 있다.
2. 수술이나 해부를 하기 위하여 수술칼을 잡음. 예 의사의 ○○로 수술을 하다.
3. 꺾이거나 굽은 데가 없는 곧은 선. 예 공책에 자를 대고 ○○을 그렸다.
4. 깊이 파고들거나 빠짐. 예 게임에 ○○하다.

	2 ㅈ		4 ㅁ
1 ㄷ	ㄷ	3 ㅈ	ㅇ
ㅅ		ㅅ	

2일

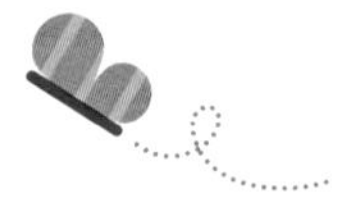

오늘의 낱말

다음 낱말을 소리 내어 읽어 보고 뜻을 살펴보세요.

경관

산이나 들, 강, 바다 등의 자연이나 주변의 전체적인 모습.

암석

지구 겉쪽의 단단한 부분을 이루는 큰 바위.

전역

어느 지역의 전체.

온화하다

날씨가 맑고 따뜻하며 바람이 부드러움.

오늘의 퀴즈

다음 낱말의 뜻으로 알맞은 것을 줄로 이으세요.

경관 •	• 어느 지역의 전체.
전역 •	• 날씨가 맑고 따뜻하며 바람이 부드러움.
암석 •	• 산이나 들, 강, 바다 등의 자연이나 주변의 전체적인 모습.
온화하다 •	• 지구 겉쪽의 단단한 부분을 이루는 큰 바위.

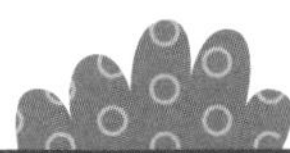

미리 쌓는 배경지식

우리나라의 화석

- 우리나라의 화석은 천연기념물로 지정하여 보존하고 있어요.
- 우리나라에는 강원도 태백의 삼엽충 화석, 남해안 일대의 공룡 발자국, 포항의 해양 생물 화석 등 다양한 화석이 있어요.
- 경상남도 고성군의 공룡 발자국과 새 발자국 화석 산지는 세계적으로 공룡의 흔적이 많이 남아 있기로 손꼽히는 곳이에요.

과학

화석은 어떻게 만들어질까요?

1문단 자연 박물관에 가 본 적이 있나요? 그곳에 가면 거대한 동물의 뼈와 화석을 볼 수 있어요. 옛날에 살았던 생물의 •몸체나 활동 흔적 등이 땅속에 묻혀 굳어져 남아 있는 것을 화석이라고 해요. 화석은 약 40억 년 전부터 인류의 역사가 시작된 약 1만 년 전까지인 •지질 시대 생물이 •지층에 남긴 흔적이에요. 멸종해서 더 이상 볼 수 없는 공룡이 지구에 살았다는 사실을 알 수 있는 것도 공룡이 남긴 화석을 발견했기 때문이지요.

2문단 화석에는 다양한 종류가 있어요. 동물의 뼈나 식물의 나뭇잎 등 생물의 몸체가 남은 화석도 있고, 동물의 발자국과 같이 생물의 흔적이 남은 화석도 있어요. 화석의 크기도 다양해요. 거대한 크기의 공룡 화석부터 현미경을 이용해야만 관찰할 수 있는 작은 크기의 생물 화석까지 있어요.

3문단 화석은 어떻게 만들어졌을까요? 생물이 죽으면 그 위로 •퇴적물이 쌓여요. 퇴적물이 계속 쌓이면 지층이 만들어지고, 오랜 시간이 지나면 지층 속 생물은 화석이 되지요. 화석이 만들어지려면 생물이 썩어서 흙으로 돌아가기 전에 빠르게 퇴적물에 묻혀야 해요. 썩기 쉬운 내장보다는 동물의 뼈, 껍데기와 같이 단단한 부분이나 식물의 줄기나 잎과 같은 부분이 화석으로 만들어지기 쉬워요.

4문단 화석을 들여다보면 과거의 지구가 어땠는지 알 수 있어요. 수천만 년 이상 •암석 속에 숨어 있던 화석은, 과거에 살았던 생물의 실제 모습이나 상태뿐 아니라 당시의 환경을 파악하는 •실마리가 되지요. 또한 지층마다 각 시대를 살았던 생물의 화석이 남아 있기 때문에 동물의 진화 순서를 추측하는 데에도 도움이 된답니다.

이런 뜻이에요

- **몸체** 물체의 몸이 되는 부분.
- **지질 시대** 지구가 이루어진 이후부터 역사 시대 이전까지의 시대.
- **지층** 자갈, 모래, 진흙, 화산재 등이 오랜 시간 동안 쌓여 이루어진 층.
- **퇴적물** 흙이나 죽은 생물의 뼈 등이 물, 빙하, 바람 등에 의해 운반되어 땅의 표면에 쌓인 물질.
- **암석** 지구 겉쪽의 단단한 부분을 이루는 큰 바위.
- **실마리** 일이나 사건을 해결해 나갈 수 있는 시작이 되는 부분.

이 글의 중심 낱말에 ○표 하세요.

뼈	암석	화석	생물

2문단의 내용을 간추렸어요. ㉠, ㉡에 들어갈 알맞은 낱말을 찾아 쓰세요.

화석의 종류
- 생물의 ___㉠___가 남은 화석.
  예 동물의 뼈나 식물의 나뭇잎 등
- 생물의 활동 ___㉡___이 남은 화석.
  예 동물의 발자국

• ㉠ ________ ㉡ ________

화석이 만들어지는 과정을 순서대로 골라 빈칸에 기호를 쓰세요.

(가) 생물이 죽었다.
(나) 퇴적물이 쌓였다.
(다) 화석이 만들어졌다.
(라) 지층이 만들어졌다.
(마) 오랜 시간이 지났다.

• ((가)) → (   ) → (   ) → (   ) → (   )

이 글을 읽고 난 뒤의 반응으로 알맞지 않은 것은 무엇인가요? (   )

① 화석을 통해 과거 지구의 모습을 짐작할 수 있구나.
② 화석은 모두 거대하구나. 실제 모습을 꼭 보고 싶어.
③ 발자국과 같은 흔적도 화석이라고 한다는 걸 알게 되었어.
④ 생물의 몸체가 썩기 전에 빨리 묻혀야 화석이 될 수가 있구나.

실생활 문해력

안내문

공룡 박물관에 갔어요

고성 공룡 박물관

경상남도 고성군은 우리나라에서 가장 쉽게 공룡의 흔적을 만날 수 있는 곳입니다. •온화한 기후와 멋진 자연 •경관이 어우러진 우리 지역은 국내 최초로 공룡 발자국이 발견된 곳으로, 고성군 •전역에 걸쳐 거의 모든 곳에서 약 5,000여 점의 공룡 발자국 화석이 발견되고 있습니다.

관람 시간	•하절기(3월~10월): 09:00~18:00 •동절기(11월~2월): 09:00~17:00 ※ 입장 마감 시간: 관람 종료 1시간 전
휴관일	월요일, 1월 1일, 설날/추석 당일에는 박물관을 열지 않습니다. (㉠ , 월요일이 공휴일인 경우 그 다음의 첫 번째 평일에 휴관합니다.)
입장료	어린이: 1,500원, 청소년 및 군인: 2,000원, 어른: 3,000원, 고성 군민(어린이, 청소년 및 군인: 500원, 어른: 1,500원)
무료 입장	6세 이하 어린이, 65세 이상 노인, 장애인, •국가 유공자 등은 무료 입장이 가능합니다.

이런 뜻이에요

- **온화한** 날씨가 맑고 따뜻하며 바람이 부드러운.
- **경관** 산이나 들, 강, 바다 등의 자연이나 주변의 전체적인 모습.
- **전역** 어느 지역의 전체
- **하절기** 여름철 기간.
- **동절기** 겨울철 기간.
- **국가 유공자** 나라를 위하여 공헌하거나 희생한 사람.

1 이 안내문의 내용으로 알맞지 않은 것은 무엇인가요? (　　　)

① 고성군은 국내 최초로 공룡 발자국이 발견된 곳이다.
② 고성군은 온화한 기후와 멋진 자연 경관이 어우러진 곳이다.
③ 고성군 지역 내에서 약 5,000여 점의 공룡 화석이 발견되었다.
④ 고성군은 우리나라에서 가장 쉽게 공룡의 흔적을 만날 수 있는 곳이다.

2 다음 중 공룡 박물관 입장이 가능한 날과 시간은 언제인가요? (　　　)

2월

일	월	화	수	목	금	토
				1	2	3
4	5	6	7	8	9	10 설날
11	12	13	14	15	16	17
18	19	20	21	22	23	24
25	26	27	28	29		

10월

일	월	화	수	목	금	토
		1	2	3	4	5
6	7	8	9 한글날	10	11	12
13	14	15	16	17	18	19
20	21	22	23	24	25	26
27	28	29	30	31		

11월

일	월	화	수	목	금	토
					1	2
3	4	5	6	7	8	9
10	11	12	13	14	15	16
17	18	19	20	21	22	23
24	25	26	27	28	29	30

① 2월 10일 9시　　② 2월 12일 10시
③ 10월 9일 15시　　④ 11월 12일 20시

3 어떤 가족이 함께 박물관에 방문하려고 해요. 입장료를 가장 많이 내야 하는 사람은 누구인가요? (　　　)

① 동생: 서울 시민, 6세
② 아빠: 서울 시민, 44세
③ 외할아버지: 고성 군민, 65세
④ '나': 서울 시민, 초등학교 4학년

4 다음 중 ㉠에 들어갈 이어 주는 말로 알맞은 것은 무엇인가요? (　　　)

① 그러나　　② 그래서
③ 그리하여　　④ 그러므로

3일

오늘의 낱말

다음 낱말을 소리 내어 읽어 보고 뜻을 살펴보세요.

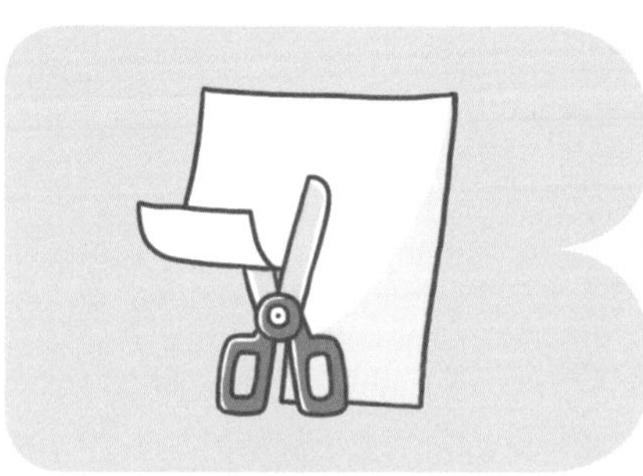

자르다

물체를 베거나 동강을 내어 일부를 끊어 냄.

절단하다

자르거나 끊음.

재다

자, 저울 등의 도구나 방법을 써서 길이, 크기, 온도, 양 등의 정도를 알아봄.

측정하다

일정한 양을 기준으로 하여 같은 종류의 다른 양의 크기를 잼.

오늘의 퀴즈

다음 낱말들을 비슷한 뜻끼리 줄로 이으세요.

재다 •	• 자르다
절단하다 •	• 사용되다
무겁다 •	• 육중하다
쓰이다 •	• 측정하다

미리 쌓는 배경지식

저울

- 저울의 종류는 다양해요.
- 지레를 이용한 저울에는 양팔 저울, 대저울 등이 있어요. 한쪽에는 측정하려는 물건을 올려놓고, 다른 쪽에는 추를 올려놓아 두 힘이 같을 때 수평이 되는 원리를 적용했어요.
- 용수철을 이용한 저울은 용수철의 길이가 그것을 잡아당기는 힘의 크기에 비례하여 늘어나는 원리를 적용했어요.

교과서 문해력

과학

무게를 알아보자

1문단 물체의 무겁고 가벼운 정도를 무게라고 해요. 몸무게나 물건의 무게를 측정할 때처럼 생활에서 무게를 측정하는 경우가 종종 있어요. 무게를 정확하게 측정하지 않으면 가게에서는 물건의 무게에 따라 가격을 정할 수가 없고, 운동 선수들은 몸무게에 따라 체급을 나눌 수 없어요. 그래서 무게 측정이 필요하지요.

2문단 물체를 손으로 들어 보는 것만으로는 물체의 무게를 정확하게 알 수 없어요. 그래서 물체의 무게를 정확히 측정하기 위해 저울을 사용해요. 저울의 종류에는 체중계, 전자저울, 가정용 저울 등이 있어요.

3문단 저울이 언제부터 만들어졌는지는 확실하게 알 수 없어요. 하지만 기원전 1300~1200년경 고대 이집트의 무덤 벽화에서 오늘날의 양팔 저울처럼 생긴 저울을 사용하는 그림이 발견된 것으로 보아 그 이전부터 저울을 사용하였을 것이라고 추측할 수 있지요.

4문단 우리나라에서는 기원전 1000년 무렵에 청동으로 만든 생활용품들이 많이 만들어지기 시작하면서 저울이 사용되었을 것으로 추측하고 있어요. 우리나라에서는 눈금이 새겨진 저울대에 추를 매달아 무게를 측정하는 대저울을 주로 사용하였답니다.

▲ 이집트 벽화에 그려진 양팔 저울

▲ 대저울

이런 뜻이에요

- **측정할** 일정한 양을 기준으로 하여 같은 종류의 다른 양의 크기를 잼.
- **체급** 권투, 레슬링, 유도, 역도 등에서, 선수의 몸무게에 따라서 매겨진 등급.
- **기원전** 기원 원년 이전. 예수가 태어난 해를 기준으로 한 달력에서 기준 연도의 이전.
- **추** 저울로 물건의 무게를 잴 때 쓰는 일정한 무게의 쇠.
- **대저울** 대에 눈금이 새겨져 있고, 추가 매달려 있는 저울.

중심 내용

1 이 글의 중심 낱말에 ○표 하세요.

양팔 저울	측정	저울	무게

세부 내용

2 이 글에 나온 내용으로 맞으면 ○표, 틀리면 ×표 하세요.

(1) 우리나라는 예전에 대저울을 주로 사용하였다. (　　　)

(2) 저울은 고대 이집트 때부터 사용하기 시작했다. (　　　)

(3) 물체의 무게를 정확하게 측정하려면 손으로 들어 보면 된다. (　　　)

내용 추론

3 다음 중 무게를 측정해야 하는 경우가 <u>아닌</u> 것은 무엇인가요? (　　　)

① 정육점에서 고기를 사고 돈을 내려고 할 때

② 정해진 무게의 재료를 사용해 식빵을 만들 때

③ 태권도 경기에서 정해진 체급에 맞는 선수인지 확인할 때

④ 키 110cm 이하는 이용할 수 없는 놀이기구를 타려고 할 때

4 다음 그림을 보고 빈칸에 들어갈 알맞은 낱말을 쓰세요.

(1)

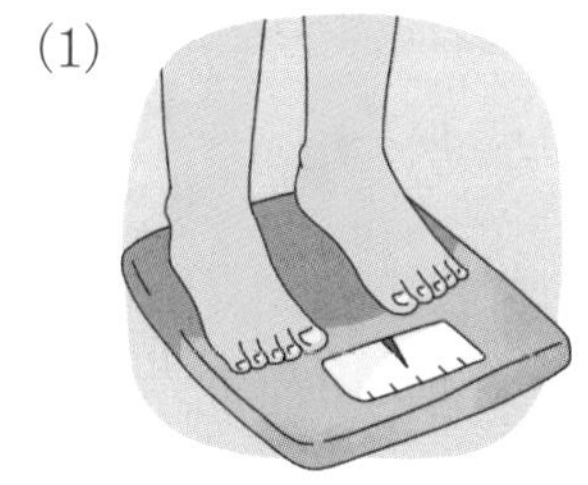

(2)

(3)

• □□을 측정하다. • □□을 측정하다. • □□을 측정하다.

실생활 문해력

웹툰

코끼리의 무게를 측정해요

코끼리의 무게를 ㉠ 재는 방법을 아느냐?

우리나라에는 그렇게 큰 저울이 없습니다.

코끼리의 무게를 잴 수 있는 큰 저울을 만들면 어떨까?

그런 기술이 없어서 안 돼.

코끼리를 작게 절단해서 무게를 재는 것은 어떨까요?

뭐라고? 코끼리를 자르자고? 그럼 죽잖아.

제게 좋은 생각이 있어요.

코끼리를 배에 태워서 물에 잠기는 부분을 표시해요.

그 후 코끼리를 내리게 한 뒤에 표시된 부분이 될 때까지 배에 돌을 채워요.

이제 이 돌들의 무게를 재서 합하면 됩니다.

이런 뜻이에요

- **재는** 자, 저울 등의 도구나 방법을 써서 길이, 크기, 온도, 양 등의 정도를 알아보는.
- **절단해서** 자르거나 끊어서.
- **자르자고** 물체를 베거나 동강을 내어 일부를 끊어 내자고.

1 이 웹툰에서 사람들이 알고 싶어 한 것은 무엇인가요? (　　　)

① 돌의 무게　② 코끼리의 무게
③ 코끼리를 자르는 방법　④ 새로운 저울을 만들 방법

2 문제를 해결하기 위해 다양한 방법들이 제안되었지만 문제를 해결할 수 없었던 까닭을 빈칸에 쓰세요.

방법	문제를 해결할 수 없었던 까닭
(1) 코끼리의 무게를 재자	
(2) 큰 저울을 만들자	
(3) 코끼리를 잘라서 무게를 재자	

3 이 웹툰을 읽고 난 뒤의 반응으로 알맞지 <u>않은</u> 것은 무엇인가요? (　　　)

① 코끼리와 돌의 성질이 같다는 걸 이용해 문제를 해결했구나.

② 코끼리와 같은 무게를 대신 측정하면 된다는 것을 알고 있었어.

③ 이후 사람들은 코끼리를 죽이지 않고 무게를 측정했겠구나.

4 다음 중 ㉠과 같은 뜻으로 사용된 것이 <u>아닌</u> 문장은 무엇인가요? (　　　)

① 고기의 무게를 <u>재는</u> 정육점 저울이 고장났다.
② 체온계로 체온을 <u>재는</u> 어머니의 손길이 다정했다.
③ 신체검사에서 키를 <u>재는</u> 민수의 표정이 사뭇 진지했다.
④ 눈앞의 이가 어떤 사람인지를 <u>재는</u> 그의 눈빛이 매서웠다.

다음 낱말을 소리 내어 읽어 보고 뜻을 살펴보세요.

유산

앞 세대가 물려준 사물 또는 문화.

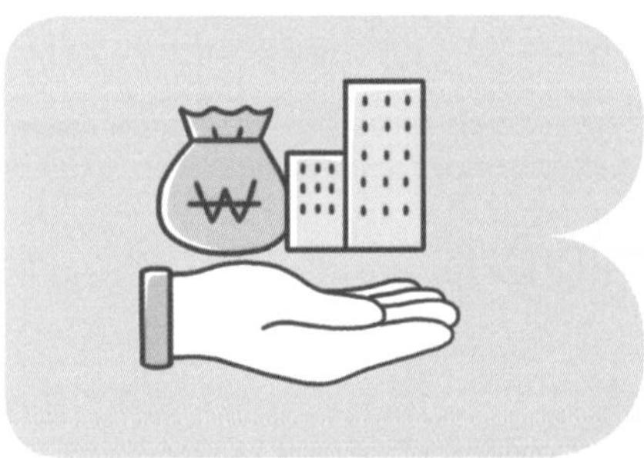

자산

개인이나 단체가 가진 가치가 있는 유형·무형의 재산.

보존되다

중요한 것이 잘 보호되어 그대로 남겨짐.

지정하다

공공 기관이나 단체, 개인 등이 어떤 것을 특별한 자격이나 가치가 있는 것으로 정함.

오늘의 퀴즈

다음 낱말 퍼즐에서 오늘 배운 4개의 낱말을 찾아 ○표로 묶으세요.

보	호	인	재	수
존	지	정	하	다
되	경	사	자	물
다	산	정	산	주
유	산	상	속	인

미리 쌓는 배경지식

국가유산

- 역사적, 문화적인 가치가 있다고 인정되는 조상들의 유산을 말해요.
- 국가유산은 문화유산, 자연유산, 무형유산으로 나눌 수 있어요.
- 이전에는 '문화재'라는 낱말을 주로 사용했지만, 2024년 5월부터 이름이 바뀌었어요.

우리 지역의 국가유산

1문단 각 지역에는 옛날부터 전해 내려오는 다양한 국가•유산이 있어요. 국가유산은 문화유산과 자연유산, 무형유산으로 나눌 수 있어요. 문화유산은 •고정된 형태가 있는 것으로 우리의 문화적 특징과 생활의 변화를 이해하는 데 필요한 건축물, 공예품, 책, 그림 등을 말해요. 자연유산은 나라에서 법으로 정해 보호하는 동물, 식물, 지형 등의 천연기념물이나 자연 그대로의 모습인 자연물을 말해요. 무형유산은 형태가 없는 것으로 여러 세대에 걸쳐 물려받아 이어진 음악이나 전통 공연, 전통 기술 등을 말해요.

2문단 그 지역에 어떤 국가유산이 있는지 조사하기 위해 다양한 방법을 이용할 수 있어요. 가장 간편한 방법은 국가유산과 관련된 기관의 누리집에서 국가유산을 검색하는 것이에요. 대표적인 기관으로 국가유산청이 있어요. 다음으로는 국가유산과 관련된 •기록물을 찾아보는 방법이 있어요. 또 국가유산을 자세히 아는 사람과 •면담할 수도 있어요. 그리고 국가유산에 직접 방문하여 조사하는 방법도 있지요. 직접 방문하는 경우, 국가유산에 대한 설명을 읽고, 눈으로 관찰해요. 사진을 찍어 기록으로 남기거나, 사진을 찍으면 안 되는 곳에서는 조사할 대상을 그림으로 그리거나 글로 써서 정리해요.

3문단 국가유산 중에는 다른 나라에 널리 알리고 세계가 함께 보호해야 할 국가유산으로 정해진 것도 있어요. •유네스코는 각 나라의 소중한 국가유산을 세계 모든 사람의 •자산으로 여겨 함께 보호하려고 노력해요. 유네스코가 가치를 인정하여 세계 유산으로 •지정한 지역의 국가유산을 '유네스코 세계유산'이라고 한답니다.

이런 뜻이에요

- **유산** 앞 세대가 물려준 사물 또는 문화.
- **고정된** 한번 정한 상태에서 바뀌지 않은.
- **기록물** 기록된 책, 사진, 그림 등을 통틀어 이르는 말.
- **면담할** 서로 만나서 이야기할.
- **유네스코** 국제 연합 전문 기관의 하나. 교육, 과학, 문화의 보급과 국제 교류 증진을 통한 국제간의 이해와 세계 평화를 추구함. 본부는 프랑스 파리에 있음.
- **자산** 개인이나 단체가 가진 가치가 있는 유형 · 무형의 재산.
- **지정한** 공공 기관이나 단체, 개인 등이 어떤 것을 특별한 자격이나 가치가 있는 것으로 정한.

1문단 의 내용을 간추렸어요. ㉠, ㉡에 들어갈 알맞은 낱말을 찾아 쓰세요.

• ㉠ ______ ㉡ ______

친구들이 세운 우리 지역의 국가유산 조사 계획으로 알맞지 <u>않은</u> 것에 ○표 하세요.

가람	나리
• 우리 지역의 국가유산을 국가유산청 누리집에서 검색한다. • 다른 사람이 조사한 내용을 찾아보며 더 알아볼 내용을 정리한다.	• 문화 관광 해설사인 삼촌에게 궁금한 점을 물어본다. • 국가유산과 관련된 자료를 도서관에서 찾아본다.
다은	**라영**
• 직접 방문하여 그곳에 쓰인 안내판을 읽고, 모르는 낱말이 있으면 사전에서 찾아 확인한다. • 국가유산을 눈으로 보며 관찰한다.	• 자세하게 기록으로 남기기 위해 모든 곳을 촬영한다. • 직접 경험하기 위해 국가유산을 손으로 만져 보며 관찰한다.

국가유산 중에는 다른 나라에 널리 알리고 세계가 함께 보호해야 할 국가유산으로 정해진 것도 있어요. 이를 무엇이라고 하는지 이 글에서 찾아 쓰세요.

______

백과사전

한국의 유네스코 세계 유산

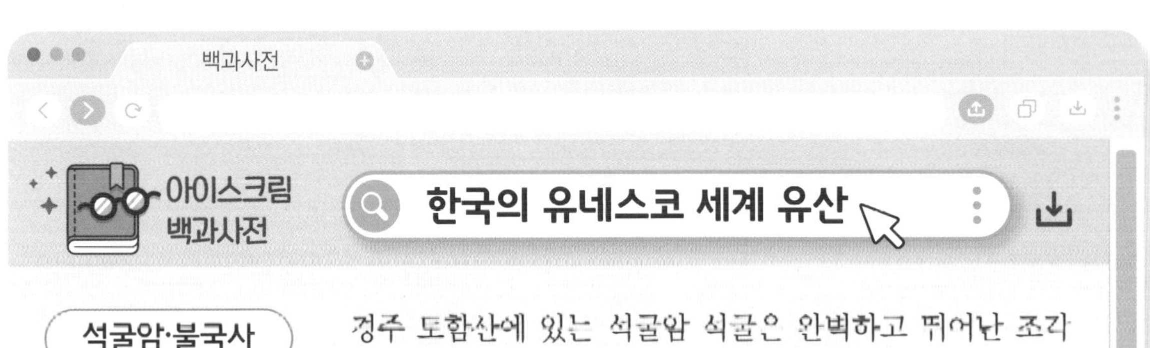

석굴암·불국사

경주 토함산에 있는 석굴암 석굴은 완벽하고 뛰어난 조각과 ㉠ •독창적 건축으로, 통일 신라 시대의 •전성기에 만들어진 매우 훌륭한 작품으로 평가돼요. 경주 불국사는 당시의 찬란했던 불교문화를 되새기게 하는 건축물이에요.

수원 화성

수원 화성은 조선 시대 임금인 정조의 명령에 따라 정약용이 •설계한 성곽이에요. 수원 화성은 성곽의 여러 건축물이 각각 예술적인 가치를 지니며, 뛰어난 과학적 원리를 바탕으로 만든 근대 건축물의 모범이라 할 수 있어요.

고인돌 유적

우리나라는 전 세계에서 고인돌이 가장 많이 •보존되어 있는 나라예요. 그중 유네스코 세계 유산으로 지정된 고창·화순·강화 고인돌 유적은 유럽, 중국, 일본과도 비교할 수 없는 독특한 특색을 가지고 있어요.

한국의 갯벌

한국의 갯벌은 102종의 철새를 포함해 약 2,100여 종의 수많은 동식물이 자리를 잡고 사는 곳으로, 지구의 생물 다양성을 위해 전 지구적으로 가장 중요하게 여겨지는 장소 중 하나예요.

이런 뜻이에요

- **독창적** 다른 것을 그대로 따라하지 않고 새로운 것을 처음으로 만들어 내거나 생각해 내는 것.
- **전성기** 힘이나 세력 등이 한창 활발한 시기.
- **설계한** 건축, 토목 기계 등에 관한 계획을 세우거나 그 계획을 그림으로 나타낸.
- **보존되어** 중요한 것이 잘 보호되어 그대로 남겨져.

1 지역과 그 지역의 국가유산으로 알맞은 것을 줄로 이으세요.

강화 •		• 화성
경주 •		• 고인돌
수원 •		• 석굴암

2 이 글을 읽고 짐작한 내용으로 알맞은 것은 무엇인가요? (   )

① 고인돌은 우리나라에만 있는 유적이군.
② 불국사를 통해 당시 찬란했던 기독교 문화를 엿볼 수 있군.
③ 수원 화성은 고려 시대에 지어진 성곽으로 예술적 가치가 높군.
④ 유네스코 세계 유산은 건축물뿐만 아니라 자연물도 지정될 수 있군.

3 다음 보기 의 빈칸에 들어갈 사람을 이 글에서 찾아 쓰세요.

보기

수원 화성의 설계를 맡은 ________은 무거운 자재를 쉽게 들어 올릴 수 있는 거중기와 매우 튼튼한 수레를 발명하여 성곽의 공사를 2년 반 만에 끝낼 수 있었다.

4 다음 중 ㉠과 바꾸어 쓸 수 있는 낱말은 무엇인가요? (   )

① 긍정적
② 개성적
③ 일반적
④ 보편적

5일

오늘의 낱말

다음 낱말을 소리 내어 읽어 보고 뜻을 살펴보세요.

탑승

배나 비행기, 차 등에 올라탐.

꼼꼼하다

빈틈이 없이 자세하고 차분함.

복잡하다

일이나 사물 등이 정리하기가 어려울 만큼 여러 가지가 얽혀 있음.

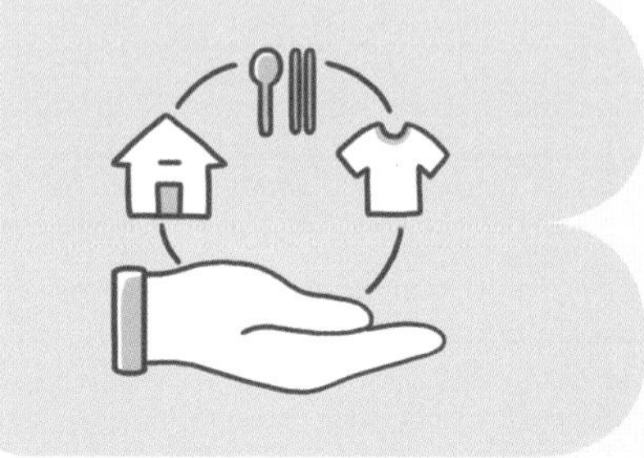

필요하다

꼭 있어야 함.

오늘의 퀴즈

다음 낱말 퍼즐에서 오늘 배운 4개의 낱말과 관련 있는 낱말을 찾아 ○표로 묶으세요.

불	조	건	조	사
필	철	저	하	다
요	단	순	하	다
경	하	무	간	신
험	차	편	수	리

- '탑승'의 반대말.
- '필요'의 반대말.
- '꼼꼼하다'의 비슷한 말.
- '복잡하다'의 반대말.

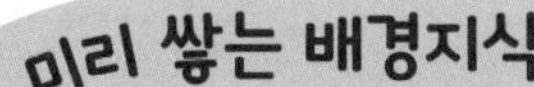

지도

- 우리는 지도를 보고 길을 찾고 거리를 측정하며, 가야 할 장소의 위치를 찾아요. 또한 배와 비행기 조종사는 지도를 이용해서 목적지를 오고 간답니다.
- 지도는 집과 집 사이의 경계나 나라 사이의 경계를 나눌 때도 쓰이고, 지역과 지역을 연결하는 철도와 도로를 놓을 때도 쓰여요.

사회

놀이공원의 지도를 봐요

1문단 아름이는 가족들과 놀이공원에 가기로 했어요. 놀이공원에 도착하여 이모네 가족과 회전목마 앞에서 아홉 시까지 만나기로 했는데, 넓은 놀이공원 안에서 길을 찾거나 •시설물의 위치를 알려면 어떻게 해야 할까요?

2문단 놀이공원 입구에는 주요 시설을 소개하는 지도가 그려져 있어요. 지도란 위에서 내려다본 땅의 실제 모습을 일정한 비율로 줄여서 나타낸 그림이에요. 지도에는 땅의 특징과 필요한 정보가 알기 쉽게 나타나 있어요. 하지만 위에서 내려다보고 그린 그림이 모두 지도인 것은 아니에요. 같은 지역을 •꼼꼼히 그린 그림이더라도 그리는 사람마다 다르게 표현할 수 있기 때문이지요. 따라서 사람들이 지도에 담긴 정보를 이해할 수 있도록 정해진 약속에 따라 그려야 지도라고 할 수 있어요.

3문단 지도에 땅의 실제 모습을 그리거나 수많은 정보를 글자로만 표시하면 지도를 알아보기가 어려워요. 지도에 담긴 정보는 쉽게 알아볼 수 있어야 해요. 따라서 •복잡한 땅의 모습을 지도에 나타낼 때에는 약속된 •기호를 사용해요. 기호는 땅의 모습을 지도에 간단하게 나타내고자 약속으로 정한 표시를 말해요.

4문단 지도를 그리는 데 •필요한 약속에는 또 무엇이 있을까요? 오른쪽, 왼쪽과 같은 방향은 사람이 바라보는 쪽에 따라 달라질 수 있어요. 방위란 방향을 나타내는 위치로, 동서남북이 있어요. 지도에서는 사람이나 건물이 향한 쪽과 상관없이 방위를 나타내려고 •방위표를 사용해요. 지도에 방위표가 없으면 지도의 위쪽을 북쪽, 아래쪽을 남쪽, 오른쪽을 동쪽, 왼쪽을 서쪽이라고 약속한답니다.

이런 뜻이에요

- **시설물** 어떤 목적을 위해 만들어 놓은 건물이나 도구, 기계, 장치 등의 물건.
- **꼼꼼히** 빈틈이 없이 자세하고 차분히.
- **복잡한** 일이나 사물 등이 정리하기가 어려울 만큼 여러 가지가 얽혀 있는.
- **기호** 어떤 뜻을 나타내기 위해 쓰는 여러 가지 표시.
- **필요한** 꼭 있어야 하는.
- **방위표** 동서남북을 나타내는 표.

내용 요약
1 이 글의 내용을 다음과 같이 간추렸어요. ㉠, ㉡에 들어갈 알맞은 낱말을 찾아 쓰세요.

- 위에서 내려다본 땅의 실제 모습을 일정한 형식으로 줄여서 나타낸 그림을 ___㉠___ 라고 합니다.
- 복잡한 땅의 모습을 지도에 나타낼 때에는 약속된 ___㉡___ 를 사용합니다.
- 지도에는 방위를 나타내려고 방위표를 사용해요.

• ㉠ ________ ㉡ ________

2 지도에 대한 설명으로 맞으면 ○표, 틀리면 ×표 하세요.

(1) 같은 지역이라도 그리는 사람마다 다르게 표현할 수 있다. (　　)

(2) 지도에는 땅의 특징과 필요한 정보가 보기 쉽게 나타나 있다. (　　)

(3) 위에서 내려다본 땅의 모습을 일정한 비율로 줄여서 나타낸다. (　　)

3 1문단의 상황을 해결하기 위한 방법으로 빈칸에 들어갈 알맞은 낱말을 쓰세요.

(1) 만날 □□와 시간을 미리 정합니다. → (2) □□를 보고 만날 장소의 위치를 확인합니다. → (3) 약속한 □□에 만나기로 한 장소에서 만납니다.

4 이 글을 읽고 다음 지도의 빈칸에 알맞은 방위를 쓰세요.

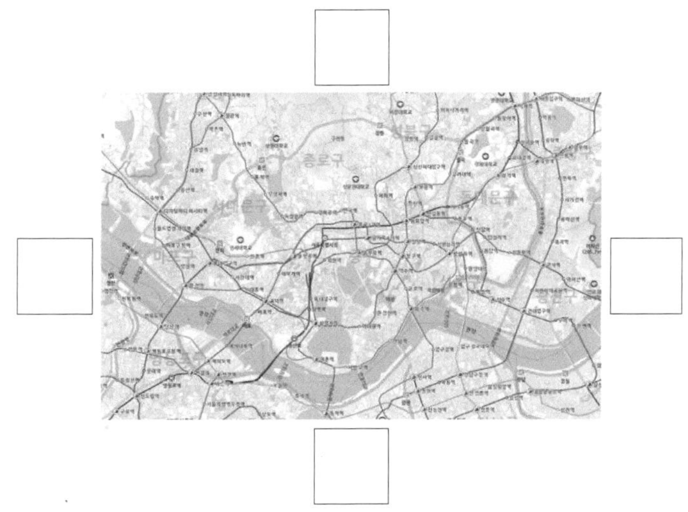

안내문

안전하게 놀이공원에서 놀아요

놀이공원에서 즐거운 시간을 보내는 방법,
바로 안전 수칙을 지키는 것입니다.
㉮내 안의 청개구리를 깨우지 마세요!

01 놀이기구 •탑승 시 안전벨트를 꼭 ㉠착용해 주세요.
안내 요원의 ㉡지시에 따라 안전벨트를 반드시 착용해야 합니다.

02 •돌발 행동을 하지 말고 안내 요원의 지시에 따라 주세요.
안내 요원의 지시에 따라 ㉢차례를 지키며 놀이기구에 탑승해 주세요.

03 탑승 전 놀이기구 탑승 제한 규정을 꼭 확인하세요.
탑승 제한 규정보다 키가 작은 사람은 놀이기구에 탑승해서는 안 됩니다.

04 출입 금지 구역에 들어가지 마세요.
출입 금지 안내 푯말이 있는 곳은 매우 위험하니 들어가서는 안 됩니다.

05 퍼레이드 ㉣관람 시 어린이가 안전선을 넘지 않도록 주의해 주세요.
어린이가 안전선을 넘어 퍼레이드 행렬 안으로 들어가면 안전사고가 발생할 수 있습니다.

이런 뜻이에요

- **탑승** 배나 비행기, 차 등에 올라탐.
- **돌발** 예상하지 못한 일이 갑자기 일어남.

1 이 안내문을 만든 목적은 무엇인가요? (　　　)

① 놀이공원의 운영 시간을 안내하기 위해
② 놀이공원의 안전 수칙을 안내하기 위해
③ 놀이공원의 시설 위치를 안내하기 위해
④ 놀이공원의 편의 시설을 안내하기 위해

2 다음 중 ㉮의 뜻을 알맞게 이해한 친구에 ○표 하세요.

> **청개구리** 「1」 몸이 작고 등이 푸른색인 개구리.
> 「2」 모든 일에 엇나가고 반대로만 하는 사람을 비유적으로 이르는 말.

(1) 이수: 놀이공원에 몰래 청개구리를 데려오지 말라는 말이야. (　　　)
(2) 주현: 일부러 규칙을 지키지 않으려는 성질을 억누르라는 말이야. (　　　)

3 다음 중 이 안내문의 내용을 지킨 친구는 누구인가요? (　　　)

① 사진을 찍기 위해 출입 금지 구역에 들어간 희원
② 안전벨트를 하지 않고 롤러코스터에 탑승한 재하
③ 퍼레이드를 구경하기 위해 안전선 안에서 대기한 현수
④ 화장실에 가기 위해 회전목마에서 갑자기 뛰어 내린 영주

4 다음 중 ㉠~㉣과 바꾸어 쓸 수 있는 낱말로 알맞지 <u>않은</u> 것은 무엇인가요?
(　　　)

① ㉠: 탈의
② ㉡: 안내
③ ㉢: 순서
④ ㉣: 구경

2주

교과서 문해력과 실생활 문해력을
한번에 키워 보세요.

일자	오늘의 낱말	오늘의 읽을거리	스스로 평가
1일	• 집단 • 혐오 • 발전하다 • 부르다	교과서 남을 비하하는 말은 그만 실생활 우리 반 카페에서 벌어진 일	
2일	• 발급 • 복지 • 수수료 • 자치	교과서 주민이 편리하게 생활할 수 있어요 실생활 주민 등록표 등본을 발급해요	
3일	• 밀물 • 썰물 • 자연환경 • 캐다	교과서 촌락의 종류를 살펴요 실생활 갯벌 체험을 하고 싶어요	
4일	• 떡잎 • 손상 • 변환하다 • 생성되다	교과서 식물이 자라는 것을 관찰해요 실생활 식물이 말을 한다면?	
5일	• 거름종이 • 균일 • 체 • 분리하다	교과서 무엇과 무엇이 섞였을까요? 실생활 콩쥐를 도와주세요	

오늘의 낱말

다음 낱말을 소리 내어 읽어 보고 뜻을 살펴보세요.

집단

여럿이 모여 이룬 단체나 무리.

혐오

싫어하고 미워함.

발전하다

일이 어떠한 방향으로 전개됨.

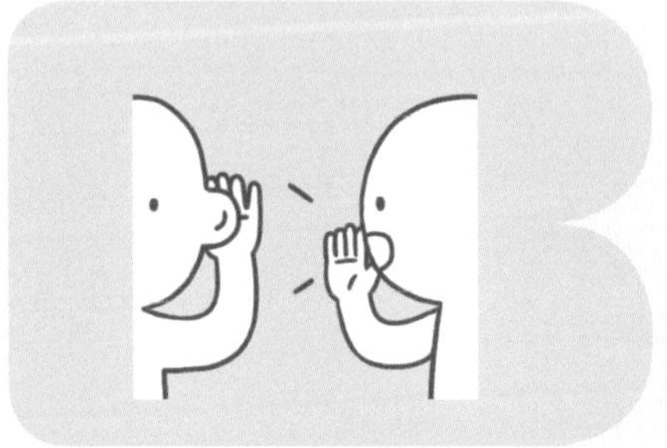

부르다

무엇이라고 가리켜 말해지거나 이름이 붙여짐.

오늘의 퀴즈

굵게 표시된 6개의 낱말 중 오늘 배운 4개의 낱말에 ◯표 하세요.

우리는 생활 속에서 다양한 **혐오** 표현을 만날 수 있어요. 혐오 표현은 특정 **집단**이나 사람에 대한 **편견**을 담아 하는 말이기 때문에, 특정 집단에 대한 미움으로 **발전할** 수 있어요. 만약 내가 누군가에게 혐오 표현으로 **불리면** 기분이 어떨지 생각해 보고, 나도 상대방의 기분이나 마음을 생각하여 혐오 표현을 말하지 않도록 **노력해야** 해요.

미리 쌓는 배경지식

고정 관념

- 이미 굳어져 쉽게 바뀌지 않는 생각을 말해요.
- '올바르지 못하거나 공평하지 못하고 한쪽으로 치우친 생각.'이라는 뜻의 '편견'이라는 낱말과 비슷하게 쓰여요.
- '남자는 파란색을 좋아한다, 여자는 분홍색을 좋아한다'와 같은 생각이 고정 관념의 예가 될 수 있어요.

도덕

남을 비하하는 말은 그만

1문단 학교에서 •혐오 표현을 들어 본 적 있나요? 혹시 나도 모르게 혐오 표현을 사용하고 있지는 않나요? 혐오 표현이란 혐오의 감정이나 생각을 말, 글, 몸짓 등 겉으로 나타내는 것이에요.

2문단 간혹 들리는 '결정 장애', '급식충' 등은 모두 혐오 표현이에요. 일부 사람들은 선택을 하기 어려워할 때 '결정 장애'라는 말을 •무분별하게 사용해요. [㉠] 의학적으로 인정된 질병이 아닌 데도 '장애'라는 말을 가져다 붙여도 되는 걸까요? '급식충'은 학교에서 먹는 '급식'이라는 낱말에 '벌레 충(蟲)'을 붙인 말로, 학생을 •비하하는 혐오 표현이에요. 만약 다른 사람이 나를 '급식충'이라고 •부른다면, 나는 기분이 어떨까요?

3문단 혐오 표현은 편견에 근거하여 특정 •집단에 대해 증오심이나 적대심을 가지게 해요. 특정 집단을 공격하는 표현이기 때문에 집단 폭력으로 •발전할 수도 있지요. 물론 우리에게는 원하는 대로 표현할 수 있는 표현의 자유가 있어요. 하지만 혐오 표현의 문제점을 깨닫고 법으로 금지하고 있는 나라들도 있어요. 다른 나라에서 온 이민자가 많은 캐나다는 차별의 •의도를 가진 표현과 행위를 하지 못하게 법으로 규정하고 있어요.

4문단 우리는 •의식적으로 혐오 표현을 줄이려고 노력해야 해요. 텔레비전이나 인터넷 등의 매체에서 본 혐오 표현을 무분별하게 따라 하지 않고, 정확히 어떤 뜻인지 알아보아야 해요. 재미와 웃음을 위해 혐오 표현을 사용하는 친구에게 어떤 뜻인지 설명해 주고 올바른 표현을 알려 주는 것도 혐오 표현을 줄이는 방법이 될 수 있어요.

이런 뜻이에요

- **혐오** 싫어하고 미워함.
- **무분별하게** 바른 생각이나 판단을 할 줄 모르고.
- **비하하는** 자기 자신을 낮추거나, 하찮게 여겨 낮추는.
- **부른다면** 무엇이라고 가리켜 말하거나 이름이 붙여진다면.
- **집단** 여럿이 모여 이룬 단체나 무리.
- **발전할** 일이 어떠한 방향으로 전개될.
- **의도** 무엇을 하려고 하는 계획이나 생각.
- **의식적** 어떤 것을 알거나 스스로 깨달아서 일부러 하려는 것.

이 글의 중심 낱말에 ○표 하세요.

캐나다	결정 장애	혐오 표현

세부 내용
2

혐오 표현을 줄여야 하는 까닭은 무엇인가요? (　　　　)

① 재미와 웃음을 주기 때문에
② 누구에게나 표현의 자유가 있기 때문에
③ 특정 집단에 대한 편견을 약화시키기 때문에
④ 특정 집단에 속한 사람을 불쾌하게 만들기 때문에

다음 중 혐오 표현에 해당하는 것은 무엇인가요? (　　　　)

① 버스 카드 충전을 줄인 말인 ‘버카충’
② 초등학생을 낮춰 부르는 말인 ‘잼민이’
③ 나이가 들어 늙은 사람을 이르는 말인 ‘노인’
④ 카메라를 들고 자신을 찍는 일을 말하는 ‘셀카’

다음 중 ㉠에 들어갈 이어 주는 말로 알맞은 것은 무엇인가요? (　　　　)

① 그리고
② 그래서
③ 그러나
④ 그러므로

인터넷 게시 글

우리 반 카페에서 벌어진 일

학급 게시판

4학년 1반 학급 게시판

HOME > 학생마당 > 게시판

재미있는 흑형 영상 볼래?

권현재 12시간 전

얘들아, 안녕?
내가 엄청 재미있는 동영상 하나를 찾았거든!
너네랑 같이 보려고 가져왔어. ㅋ
동영상에서 흑형이 길을 가는데 난데없이 짱개가 나타나서
흑형을 옆에 세워 두고서 댄스 대결을 하는 거야.
엄청 진지하게 댄스 대결을 하는데 짱개가 하는 거 보더니
흑형이 갑자기 다리를 *절면서 절름발이 춤을 추는 거 있지. ㅋ
*기우뚱거리는 거 보고 웃겨 죽는 줄! ㅋㅋㅋ
안 넘어지는 게 신기함.
뒤에 나오는 내용이 더 웃긴데 그거 직접 보는 게 좋을 것 같아서
여기까지만 말할게~
빨리 영상 보고 다들 댓글 달아 줘!
가장 늦게 댓글 다는 사람 누군지 지켜보겠어. ㅎ

0 25 15 4

이런 뜻이에요

- **절면서** 한쪽 다리가 짧거나 다쳐서 몸을 한쪽으로 기우뚱거리며 걷는.
- **기우뚱거리는** 물체가 자꾸 이쪽저쪽으로 기울어지게 움직이는.

1 이 글의 특징으로 알맞은 것은 무엇인가요? (   )

① 높임말을 사용해 예의를 갖추고 있어요.
② 글자의 자음을 사용해 웃음소리를 표현하고 있어요.
③ 줄임말을 사용해 자신의 뜻을 간단히 드러내고 있어요.
④ 이모티콘을 사용해 자신의 감정을 실감나게 표현하고 있어요.

2 이 글에 나타난 문제점은 무엇인가요? (   )

① 친구들에게 인사를 하지 않았어요.
② 학급 게시판에 동영상을 공유했어요.
③ 친구들에게 댓글을 달라고 명령했어요.
④ 누군가를 비하하는 표현을 사용했어요.

3 이 글에 나온 혐오 표현과 이를 알맞게 고친 표현을 찾아 줄로 이으세요.

혐오 표현		고친 표현
흑형 •		• 흑인
짱개 •		• 지체 장애인
절름발이 •		• 중국인

4 다음은 이 글을 읽고 친구들이 보인 반응이에요. 글쓴이에게 충고하는 댓글로 알맞지 않은 것은 무엇인가요? (   )

① 민준: 장애인을 낮잡아 부르는 표현을 사용하지 마.
② 유나: 네가 올린 동영상에 나온 혐오 표현을 그대로 사용하지 마.
③ 태웅: 신체적인 특징이나 다른 나라 사람을 우습게 표현하는 건 옳지 않아.
④ 진솔: 동영상에 나온 사람들은 차별 받아 마땅한 사람들이니 어쩔 수 없어.

2주 2일

오늘의 낱말

다음 낱말을 소리 내어 읽어 보고 뜻을 살펴보세요.

발급

기관에서 증명서 등을 만들어 내줌.

복지

건강, 생활, 환경들이 마련되어 편안하고 행복하게 사는 삶.

수수료

어떤 일을 맡아 대신 처리해 준 대가로 주는 요금.

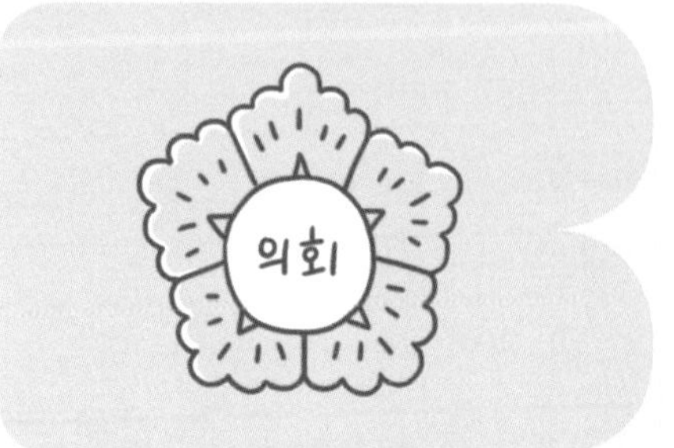

자치

지방 자치 단체가 국가로부터 인정받아 행정 업무를 함.

오늘의 퀴즈

빈칸에 들어갈 알맞은 낱말을 보기 에서 골라 쓰세요.

보기

발급　　복지　　수수료　　자치

1 신입 회원에게 회원증을 ☐☐ 하다.

2 정부는 국민의 ☐☐ 향상을 위해 노력하고 있다.

3 각 시, 도 지역별로 지방 ☐☐ 가 이루어지고 있다.

4 다른 은행 계좌에 돈을 보내기 위해서는 ☐☐☐ 를 내야 한다.

미리 쌓는 배경지식

주민 등록

- 모든 주민은 자신이 살고 있는 주소지에 주민 등록을 해야 해요.
- 우리나라는 17살이 된 사람에게 주민 등록증을 발급하고 있어요.
- 조선 시대에는 16살이 된 남자에게만 '호패'라는 신분증을 주었어요.

사회

주민이 편리하게 생활할 수 있어요

1문단 사람들이 모여 생활하는 곳에는 다양한 장소와 •기관이 있어요. 그 중에는 여러 사람의 편리함과 안전, 이익 등을 위한 일을 하는 곳도 있답니다. 개인의 이익이 아닌 주민 전체의 이익과 생활의 편의를 위하여 국가나 지방 •자치 단체가 세우거나 관리하는 기관을 공공 기관이라고 해요.

2문단 공공 기관은 지역 주민들이 안전하고 편리하게 생활할 수 있도록 도와줘요. 또한 혼자서 할 수 없는 여러 가지 어려운 일을 해결해 줘요. 공공 기관이 없거나, 제 역할을 다하지 못하면 지역에 여러 가지 문제가 생기거나 주민들의 생활이 불편해질 수 있어요.

3문단 우리 주변에서 우리의 생활을 돕는 다양한 공공 기관을 살펴볼까요? 보건소는 질병을 예방하기 위해 감염병의 검사를 하거나 예방 주사 접종을 해요. 행정 •복지 센터는 •전입 신고, 주민 등록증 •발급 등의 일을 하며 다양한 분야에서 주민들의 생활을 도와요. 교육청은 학생들의 교육과 관련된 여러 가지 일을 하고, 학교의 교육 활동을 지원해요. 공공 도서관은 책을 읽고 공부하는 공간을 마련해 주고, 자료를 빌려 줘요. 주민들을 대상으로 다양한 문화 행사를 열기도 한답니다. 경찰서는 우리 지역의 범죄를 예방하여 안전을 책임지고 질서를 유지해요. 우체국은 주민들에게 편지와 [illegible]을 배달해 주는 일을 하고, 돈을 맡아 주거나 다른 사람에게 보내는 일을 하기도 하고, 지역 특산물을 판매하기도 해요. 소방서는 불이 났을 경우 빠르게 출동하여 화재를 •진압하며, 교통사고 등의 사고가 일어났을 때 응급 환자를 구조하는 일을 하고, 소방 안전 교육을 통해 주민들의 안전 의식을 높이는 데 힘쓰기도 한답니다.

이런 뜻이에요

- **기관** 사회생활에서 일정한 역할을 하거나 목적을 이루기 위해 설치한 기구나 조직.
- **자치** 지방 자치 단체가 국가로부터 인정받아 행정 업무를 함.
- **복지** 건강, 생활, 환경들이 마련되어 편안하고 행복하게 사는 삶.
- **전입** 이전 거주지에서 새 거주지로 옮겨 옴.
- **발급** 기관에서 증명서 등을 만들어 내줌.
- **진압하며** 강제로 억눌러 진정시키며.

이 글의 중심 낱말에 ○표 하세요.

주민 자치	공공 기관	행정 복지 센터

각 문단의 중심 내용으로 알맞은 것을 줄로 이으세요.

1문단 •		• 공공 기관이 우리 생활에 주는 도움
2문단 •		• 공공 기관의 의미
3문단 •		• 공공 기관의 종류와 역할

공공 기관에 대한 내용으로 알맞은 것은 무엇인가요? (　　　)

① 국가는 관리할 수 없다.
② 지역 주민들은 이용할 수 없다.
③ 개인이 세우거나 관리할 수 있다.
④ 개인보다 주민 전체의 이익을 우선시한다.

내용 추론
4

공공 기관에 감사 인사를 하려고 해요. 알맞지 <u>않은</u> 것은 무엇인가요? (　　　)

① 다른 가게보다 할인율이 커서 전자 기기를 저렴히 구매할 수 있었어요.
② 읽고 싶은 책을 쉽게 빌릴 수 있어요. 책을 많이 읽어서 지식이 늘어났어요.
③ 마을에 나쁜 사람들이 다니지 못하도록 순찰을 돌아 주셔서 안전하게 다닐 수 있어요.
④ 창문 앞에 생긴 말벌집 때문에 창문도 열 수 없었는데 119에 전화했더니 말벌집을 제거해 주셨어요.

인터넷 게시 글

주민 등록표 등본을 발급해요

정부24

이 누리집은 대한민국 공식 전자 정부 누리집입니다.

정부24 My GOV 민원 서비스 보조금24 정책 정보

주민 등록표 °등본 발급

신청 방법	인터넷, 방문, °무인 발급기
°수수료	• 주민 등록표 등본 1통을 발급받는 데 400원의 수수료가 °부과됩니다. • 가족 등의 사람이 대신 주민 등록표 등본을 발급받을 경우 500원의 수수료가 부과됩니다. • 인터넷으로 주민 등록표 등본을 발급받을 때는 무료입니다.
처리 기간	즉시 발급
신청 자격	본인 또는 °대리인(온라인은 본인만 신청 가능)
발급 서류	주민 등록표 등본

※ 주민 등록표 등본에는 한 세대 모든 구성원의 주민 등록 사항이 표시됩니다.

신청하기

이런 뜻이에요

- **등본** 원본의 내용을 전부 베낌. 또는 그런 서류.
- **무인 발급기** 사람이 없이 자동으로 증명서나 티켓 등을 만들어 내주는 기계.
- **수수료** 어떤 일을 맡이 대신 처리해 준 내가로 주는 요금.
- **부과됩니다** 세금이나 벌금 등을 매겨서 내게 합니다.
- **대리인** 다른 사람을 대신하여 일을 처리하는 사람.

1 다음 빈칸에 들어갈 알맞은 낱말을 이 글에서 찾아 쓰세요.

마음이는 다음 주에 가족 여행으로 제주도에 가기로 했어요. 초등학생이 비행기에 타려면 주민 등록표 ________이 필요하다고 해요. 마음이는 관련 서류를 발급받기 위해 대한민국 공식 전자 정부 누리집에 접속했어요.

2 이 글에 따라 주민 등록표 등본을 발급하는 방법이 아닌 것은 무엇인가요? (   )

① 인터넷 누리집에서 등본 발급을 신청한다.
② 발급 신청서를 우편으로 보내 등본 발급을 신청한다.
③ 행정 복지 센터에 직접 방문하여 등본 발급을 신청한다.
④ 지하철 역 안의 무인 발급기에서 등본 발급을 신청한다.

3 이 글의 내용으로 맞으면 ○표, 틀리면 ×표 하세요.

(1) 등본을 발급 받는 데에는 하루의 처리 기간이 필요하다. (   )
(2) 인터넷 누리집에서 가족의 등본을 대리하여 신청할 수 없다. (   )
(3) 주민 등록표 등본에는 한 세대 중 신청자의 주민 등록 사항만이 표시된다. (   )

4 형석이는 행정 복지 센터에 방문해 엄마와 아빠의 등본을 각각 발급받았어요. 행정 복지 센터에 내야 할 수수료는 총 얼마인가요? (   )

① 무료
② 500원
③ 800원
④ 1,000원

2주 3일

오늘의 낱말

다음 낱말을 소리 내어 읽어 보고 뜻을 살펴보세요.

밀물

해수면이 높아져 해안의 바닷물이 육지 쪽으로 밀려 들어오는 것.

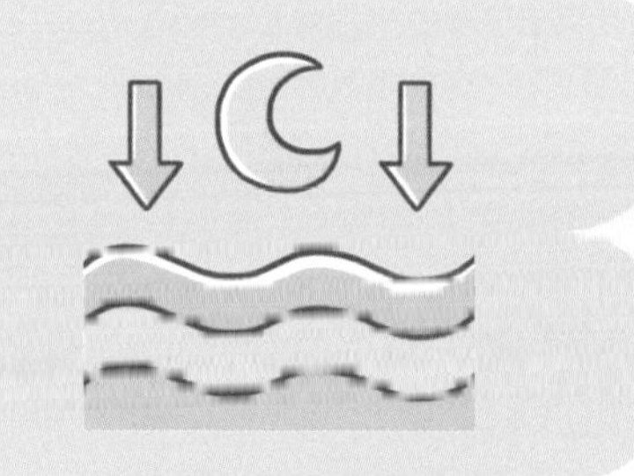

썰물

해수면이 낮아져 해안의 바닷물이 바다 쪽으로 밀려 나가는 것.

자연환경

산, 강, 바다, 동물, 식물, 비 등과 같이 인간 생활을 둘러싸고 있는 자연의 조건이나 상태.

캐다

땅속에 묻힌 것을 파서 꺼냄.

오늘의 퀴즈

다음 낱말의 뜻으로 알맞은 것을 줄로 이으세요.

밀물 •	• 땅속에 묻힌 것을 파서 꺼냄.
썰물 •	• 해수면이 낮아져 해안의 바닷물이 바다 쪽으로 밀려 나가는 것.
자연환경 •	• 해수면이 높아져 해안의 바닷물이 육지 쪽으로 밀려 들어오는 것.
캐다 •	• 산, 강, 바다, 동물, 식물, 비 등과 같이 인간 생활을 둘러싸고 있는 자연의 조건이나 상태.

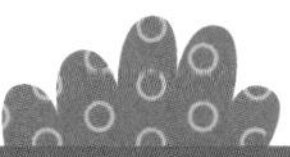

미리 쌓는 배경지식

갯벌

- 우리나라의 서해안과 남해안은 밀물과 썰물의 차이가 커요.
- 썰물 때 바닷물이 빠져나가면 넓고 평평한 땅이 드러나는데, 이를 갯벌이라고 해요.
- 갯벌은 육지와 바다 사이에서 하루에 두 번씩 모습을 드러내요.

교과서 문해력

사회

촌락의 종류를 살펴요

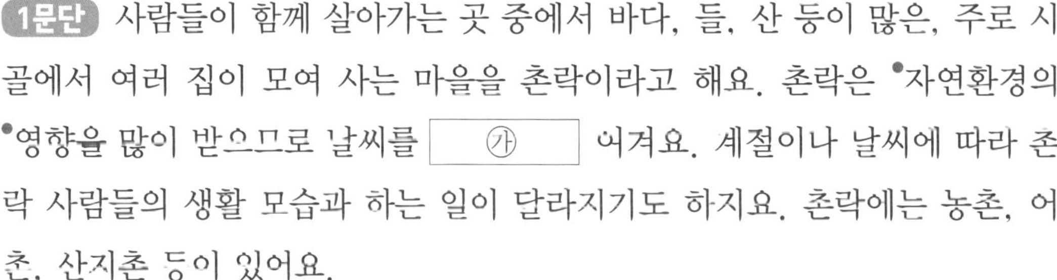

1문단 사람들이 함께 살아가는 곳 중에서 바다, 들, 산 등이 많은, 주로 시골에서 여러 집이 모여 사는 마을을 촌락이라고 해요. 촌락은 •자연환경의 •영향을 많이 받으므로 날씨를 (가) 여겨요. 계절이나 날씨에 따라 촌락 사람들의 생활 모습과 하는 일이 달라지기도 하지요. 촌락에는 농촌, 어촌, 산지촌 등이 있어요.

2문단 농촌은 농사를 짓는 사람들이 대부분 모여 사는 마을이에요. 논과 밭에서 곡식이나 채소 등을 기르고 거두며, 과일이나 꽃 등을 가꾸고 심어요. 닭과 돼지 등을 •가축으로 키우기도 해요. 이와 같이 땅을 이용하여 사람이 살아가는 데 필요한 식물을 가꾸거나 도움이 되는 동물을 기르는 일을 농업이라고 해요. 농촌에는 농사짓는 땅이 있고, 농업에 필요한 기구와 시설들이 있어요.

3문단 어촌은 물고기 잡는 일을 직업으로 하는 사람들이 모여 사는 바닷가 마을이에요. 바다에서 물고기와 조개를 잡거나 김과 미역 등을 잡거나 기르는 일을 해요. 이와 같은 일을 어업이라고 해요. 어촌에는 어부들이 바다로 나갈 때 필요한 배들이 있고, 어업에 도움을 주는 시설들이 있어요.

4문단 산지촌은 산지에 이루어진 마을이에요. 이곳에 사는 사람들은 산에서 버섯을 기르거나 산나물을 캐고, 나무를 가꾸어 베는 일을 해요. 이처럼 산과 숲을 유지하거나 가꾸며 이를 경제적으로 이용하는 일을 임업이라고 해요. 산지촌 사람들은 주로 산과 숲에서 얻는 것들을 관리하고 운영하며 살아간답니다.

이런 뜻이에요

- **자연환경** 산, 강, 바다, 동물, 식물, 비 등과 같이 인간 생활을 둘러싸고 있는 자연의 조건이나 상태.
- **영향** 어떤 사물의 효과나 작용이 다른 것에 미치는 일.
- **가축** 소, 말, 돼지, 닭, 개 등 사람이 생활에 도움을 얻으려고 집에서 기르는 짐승.

1 이 글의 중심 낱말에 ○표 하세요.

자연환경	촌락	생활 모습

2 이 글을 읽고, ㉠~㉢에 들어갈 알맞은 낱말을 찾아 쓰세요.

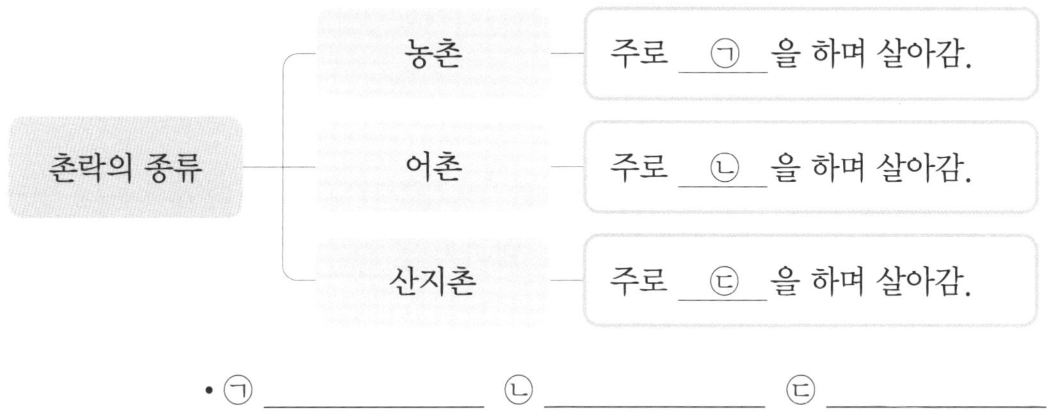

• ㉠ ______ ㉡ ______ ㉢ ______

3 다음 촌락 조사 보고서를 통해 알 수 있는 촌락의 종류는 무엇인가요?

조사 지역	경상북도 의성군 ○○면
조사 일시	20△△년 ○○월 □□일
조사 방법	현장에 직접 가서 살피기, 어른들에게 묻기
조사 내용	1. 무엇을 볼 수 있을까? – 논밭, 비닐하우스, 과수원, 농기계 등 2. 사람들은 주로 무슨 일을 할까? – 논밭에서 곡식이나 채소를 기른다. – 과수원이나 비닐하우스에서 과일을 기른다.
새로 알게 된 점	최근에는 딸기 따기 등의 체험을 하러 오는 관광객들도 많다.

______

4 ㉮에 들어갈 낱말로 알맞은 것은 무엇인가요? (   )

① 가볍게 ② 드물게 ③ 중요하게 ④ 값비싸게

갯벌 체험을 하고 싶어요

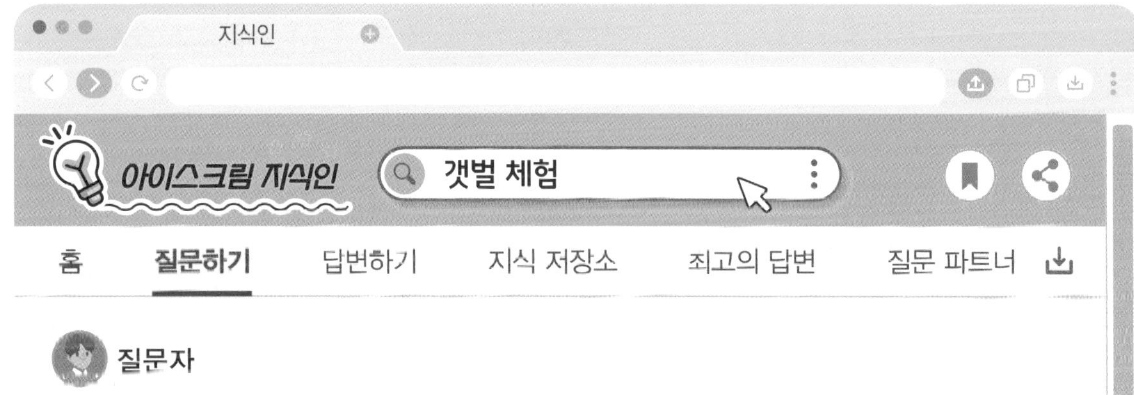

질문자

아이가 갯벌 체험, 그중에서도 조개 •캐기를 너무 하고 싶어 하는데 언제 가는 게 제일 좋을까요? 한여름이라 날이 더운 것은 •각오하고 있지만, 체험하기에 좋은 시간대를 알고 싶어요.

답변자

갯벌 체험은 안면도, 대부도 등 •밀물과 •썰물이 있는 서해에서 주로 가능합니다. 그중 썰물일 때만 갯벌에서 조개를 잡을 수 있습니다.

그렇기 때문에 밀물과 썰물이 오가는 시간대를 알아야 합니다. 이것을 •간조와 •만조라고 하는데, 보통 갯벌 체험을 가기 좋은 시간대는 간조 시간을 기준으로 1시간 전에서 1시간 이후가 제일 좋습니다.

여름에는 12시가 넘으면 너무 덥기 때문에 오전에 간조가 있는지 확인하고 가는 것이 좋습니다. ㉠만약 날씨가 흐린 상태라면 오후도 상관없습니다. 이런 경우에는 오후 1시 이후의 시간대가 조개 캐기에 알맞을 수 있습니다.

이런 뜻이에요

- **캐기** 땅속에 묻힌 것을 파서 꺼내기.
- **각오하고** 앞으로 겪을 힘든 일에 대한 마음의 준비를 하고.
- **밀물** 해수면이 높아져 해안의 바닷물이 육지 쪽으로 밀려 들어오는 것.
- **썰물** 해수면이 낮아져 해안의 바닷물이 바다 쪽으로 밀려 나가는 것.
- **간조** 바닷물이 빠져 나가 해수면이 가장 낮아진 상태.
- **만조** 바닷물이 들어와서 해수면이 가장 높아진 상태.

1 갯벌 체험은 어느 촌락에서 할 수 있는지 골라 ○표 하세요.

농촌	어촌	산지촌

2 질문자가 이 글을 쓴 까닭은 무엇인가요? (　　　　)

① 갯벌 체험 후기를 찾아보기 위해
② 갯벌 체험 금액을 환불받기 위해
③ 갯벌 체험 참가 방법을 알기 위해
④ 갯벌 체험 시간대를 추천받기 위해

3 간조 시간이 나온 표를 보고 친구들이 이야기를 나누었어요. 알맞지 않은 이야기를 한 친구는 누구인가요? (　　　　)

월/일	만조 시각	간조 시각	날씨
7/15	01:33 / 13:39	08:28 / 20:22	맑음.
7/16	02:30 / 14:36	09:26 / 21:19	흐림.
7/17	03:23 / 15:29	10:18 / 22:12	맑음.
7/18	04:14 / 16:19	11:06 / 23:02	맑음.
7/19	05:01 / 17:09	11:51 / 23:02	흐림.

① 고운: 15일에 갯벌 체험을 하려면 아침 일찍부터나 저녁 늦게 시작해야 하니 근처에서 하룻밤 묵으면 좋을 것 같아.
② 노을: 난 17일에 갯벌 체험을 하는 게 좋을 것 같아. 17일은 간조 한 시간 뒤까지 갯벌 체험을 해도 오전 중에 끝낼 수 있어.
③ 도리: 18일도 괜찮을 것 같아. 한 시간 전에 가서 12시가 되기 전에 갯벌 체험을 끝내면 되지.
④ 로마: 19일은 간조 시간 한 시간 뒤면 너무 덥겠다. 아쉽지만 19일에는 조개 체험을 하지 못하겠어.

4 다음 중 ㉠과 바꾸어 쓸 수 없는 낱말은 무엇인가요? (　　　　)

① 만일　　② 혹시　　③ 행여　　④ 아마

2주 4일

오늘의 낱말

다음 낱말을 소리 내어 읽어 보고 뜻을 살펴보세요.

떡잎

씨앗에서 싹이 새로 돋아 나오기 시작하면서 처음으로 나오는 잎.

손상

어떤 물체가 깨지거나 상함.

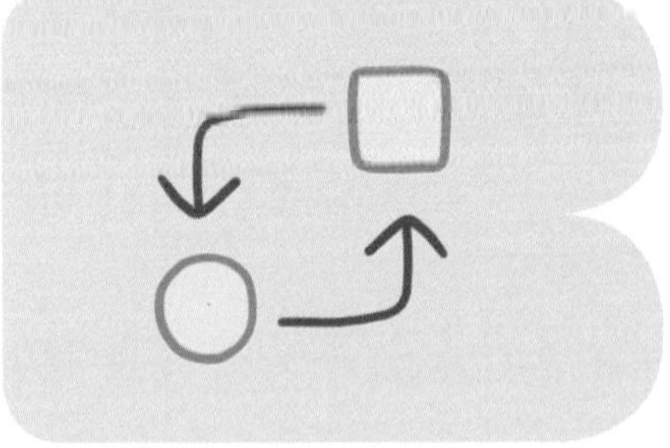

변환하다

원래와 다르게 바뀜. 또는 다르게 하여 바꿈.

생성되다

없던 사물이 새로 생겨남. 또는 사물이 생겨 이루어지게 함.

오늘의 퀴즈

다음 낱말 퍼즐에서 오늘 배운 4개의 낱말을 찾아 ○표로 묶으세요.

떡	잎	리	재	미
상	변	환	하	다
생	성	되	다	학
손	해	체	현	교
상	생	육	재	실

미리 쌓는 배경지식

식물의 감정

- 식물이 감정을 느끼거나 생각하는 능력이 있는지는 아직 확실히 밝혀진 바는 없어요.
- 하지만 식물들도 외부 환경에 반응하고, 또한 서로의 신호를 인식하고 소통할 수 있다는 것이 밝혀졌어요.

과학

식물이 자라는 것을 관찰해요

1문단 식물의 씨에서 싹이 트고 자라서 꽃을 피운 다음에 열매를 맺어 다시 씨를 만드는 과정을 식물의 한살이라고 해요. 식물은 저마다 한살이 과정과 한살이 기간이 달라요. 여러 가지 식물의 한살이를 알아볼까요?

2문단 강낭콩은 씨가 싹 트고 잎과 줄기가 자라고 꽃이 핀 뒤에 열매를 맺어 새로운 씨앗을 만든 뒤에 죽어요. 이처럼 일 년 동안 한살이 과정이 이루어지는 식물을 한해살이 식물이라고 해요. 한해살이 식물에는 벼, 옥수수, 나팔꽃, 봉선화 등이 있어요.

3문단 사과나무는 씨가 싹 터서 잎과 줄기가 자라요. 겨울을 보내고 다음 해에 새순이 나오고 자라는 과정을 반복한 뒤 적당한 크기의 나무로 자라면 꽃이 피고 열매를 맺는 과정을 반복해요. 이처럼 여러 해 동안 죽지 않고 사는 식물을 여러해살이 식물이라고 해요. 여러해살이 식물에는 개나리, 감나무, 은행나무 등이 있어요. 민들레는 풀이지만 여러해살이 식물이에요. 땅 위의 •기관은 죽어도 땅속의 기관은 살아서 •이듬해 봄에 다시 새싹이 돋아나요.

4문단 식물의 한살이 과정을 관찰하려면 강낭콩, 나팔꽃, 봉선화와 같이 씨를 구하기 쉽고 한살이 기간이 짧은 식물을 고르는 것이 좋아요. 식물의 한살이를 알아보려면 씨가 싹 트는 모습, 잎과 줄기가 자라는 모습, 꽃과 열매가 변하는 모습 등을 꾸준히 관찰하고 기록해야 해요. 강낭콩이 싹 터서 자라는 과정을 살펴보면 뿌리가 먼저 나온 뒤에 땅 위로 •떡잎 두 장이 나오고, 떡잎 사이에서 •본잎이 나와요. 자라면서 잎이 커지고 잎의 개수가 많아져요. 줄기는 점점 굵고 길어지며 시간이 지나면 꽃이 펴요. 꽃이 피고 진 자리에 열매를 맺는데 이것을 꼬투리라고 해요. 꼬투리 속에는 새로운 씨앗인 강낭콩이 들어 있어요. 강낭콩의 씨가 땅에 떨어지면 다시 싹이 터서 자랄 수 있답니다.

이런 뜻이에요

- **기관** 일정한 모양을 가지고 생물학적 구실이나 작용을 하는 생물체의 부분.
- **이듬해** 바로 다음의 해.
- **떡잎** 씨앗에서 싹이 새로 돋아 나오기 시작하면서 처음으로 나오는 잎.
- **본잎** 떡잎 뒤에 나오는 잎.

세부 내용 **1** **이 글의 내용으로 맞으면 ○표, 틀리면 ×표 하세요.**

(1) 사과나무는 식물의 한살이를 관찰하기에 적절한 식물이다. (　　)

(2) 식물의 한살이 과정에서 가장 중요한 것은 꽃이 피는 과정이다. (　　)

(3) 식물의 한살이 과정에 따라 한해살이 식물과 여러해살이 식물로 나뉜다. (　　)

세부 내용 **2** **식물의 한살이 과정을 순서대로 골라 빈칸에 기호를 쓰세요.**

(가) 싹이 텄다.
(나) 꽃이 피었다.
(다) 열매를 맺었다.
(라) 잎과 줄기가 자랐다.
(마) 새로운 씨앗을 얻었다.

• ((가)) → (　　) → (　　) → (　　) → (　　)

세부 내용 **3** **식물의 한살이 과정을 관찰하기 위해 식물을 선택할 때 고려할 점 두 가지를 이 글에서 찾아 쓰세요.**

______________________, ______________________

어휘·표현 **4** **낱말은 한 가지 이상의 뜻을 가지기도 해요. 다음을 보고 낱말이 각 문장에서 어느 뜻으로 쓰였는지 「1」 또는 「2」 중에 골라 번호를 쓰세요.**

꼬투리 「1」 콩과 식물의 씨앗을 싸고 있는 껍질.
「2」 남을 해코지하거나 헐뜯을 만한 거리.

(1) 콩은 10월경에 꼬투리가 누렇게 된다. (　　)

(2) 그는 사사건건 꼬투리를 잡아 나를 괴롭힌다. (　　)

(3) 넌 도대체 무슨 불만이 많아서 말끝마다 꼬투리를 잡니? (　　)

(4) 한 개의 꼬투리 속에 완두콩 다섯 알이 나란히 들어 있다. (　　)

신문 기사

식물이 말을 한다면?

과학

식물이 말을 한다면?

국내 연구진이 식물 뿌리 주변에서 나타나는 신호를 *분석해 식물의 상태를 ㉠음성으로 *변환하는 데 성공했다.

이 연구가 *성과를 거둔 것은 식물 뿌리 주변에 있는 미생물의 신호를 읽은 덕분이다. 원리는 다음과 같다. 물과 빛이 충분해 식물의 *광합성이 활발해지면 미생물도 *활성화된다. 이때 미생물 주변에서 ㉡전자가 *생성되는데, 이를 전기 신호로 바꿔서 식물의 상태를 파악한다. 반대로 물과 빛이 부족해 광합성이 잘 이루어지지 않으면 미생물이 활성화되지 못해 전자 이동량이 감소하고 전기 신호도 약해진다. 이렇게 식물 상태에 따라 달라지는 ㉢전기 신호를 음성 신호로 *전환하는 것이다.

식물 뿌리 주변의 미생물이 내보내는 신호를 파악하면 ㉣식물에 *손상을 가하지 않고 정확한 상태를 파악할 수 있다. 최근 공기 정화나 정서적인 이유로 실내에서 이른바 '반려 식물'을 기르는 사람이 늘고 있는 상황이다. 이번 기술을 활용해 미래에는 식물과 색다른 소통을 시도하는 일도 가능해질 것으로 보인다.

이런 뜻이에요

- **분석해** 더 잘 이해하기 위하여 어떤 현상이나 사물을 여러 요소나 성질로 나눠.
- **변환하는** 원래와 다르게 바뀌는. 또는 다르게 하여 바꾸는.
- **성과** 어떤 일을 이루어 낸 결과.
- **광합성** 녹색 식물이 태양 에너지를 이용하여 이산화 탄소와 수분으로 유기물을 만들어 내는 과정.
- **활성화된다** 사회나 조직 등의 기능이 활발하게 된다.
- **생성되는데** 없던 사물이 새로 생겨나는데. 또는 사물이 생겨 이루어지게 하는데.
- **전환하는** 다른 방향이나 상태로 바뀌거나 바꾸는.
- **손상** 어떤 물체가 깨지거나 상함.

1 다음 중 ㉠~㉣과 바꾸어 쓸 수 있는 문장으로 알맞지 않은 것은 무엇인가요? ( )

① ㉠: 음성으로 바꾸는 데
② ㉡: 전자가 활발하게 움직이는데
③ ㉢: 전기 신호를 음성 신호로 바꾸는 것
④ ㉣: 식물을 상하지 않게 하고

2 식물이 말하는 원리를 그림으로 표현한 것이에요. ㉠, ㉡에 들어갈 알맞은 말을 쓰세요.

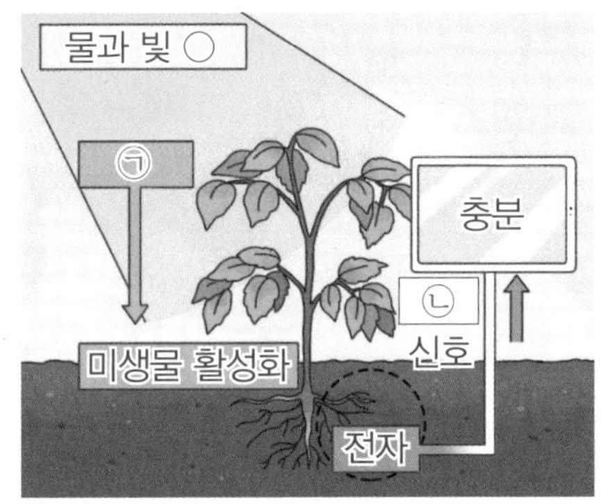

• ㉠ ________ ㉡ ________

3 이 신문 기사를 읽고 난 뒤의 반응으로 알맞지 않은 것은 무엇인가요? ( )

① 식물이 자라는 데는 물과 빛이 꼭 필요하구나.
② 식물 뿌리 세포가 전자 신호를 보낼 수 있구나.
③ 물과 빛이 충분하면 광합성이 활발하게 일어나는구나.
④ 전기 신호를 음성 신호로 바꾸면 우리가 소리를 들을 수 있구나.

4 최근 사람들이 식물을 기르는 이유 두 가지를 이 글에서 찾아 쓰세요.

________, ________

오늘의 낱말

다음 낱말을 소리 내어 읽어 보고 뜻을 살펴보세요.

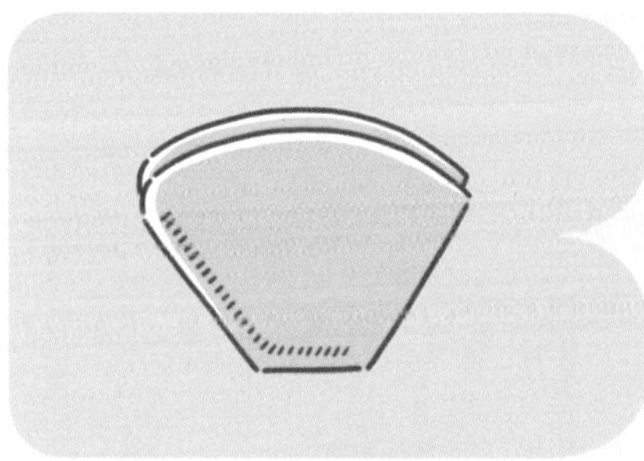

거름종이

여러 물질이 혼합된 액체에서 녹지 않는 물질을 걸러 내는 종이.

균일

차이가 없이 같음.

체

가루를 곱게 만들거나 액체에서 찌꺼기를 거르는 데 쓰는 도구.

분리하다

서로 나누어 떨어지게 함.

오늘의 퀴즈

다음 낱말의 뜻으로 알맞은 것을 줄로 이으세요.

체 •	• 서로 나누어 떨어지게 함.
균일 •	• 차이가 없이 같음.
거름종이 •	• 여러 물질이 혼합된 액체에서 녹지 않는 물질을 걸러 내는 종이.
분리하다 •	• 가루를 곱게 만들거나 액체에서 찌꺼기를 거르는 데 쓰는 도구.

미리 쌓는 배경지식

거름종이

- 액체 속에 들어 있는 작은 물질을 걸러 낼 수 있는 종이를 말해요. 여과지라고도 해요.
- 보통 원형 거름종이를 위는 가늘고 길며 끝은 넓게 퍼진 나팔 모양으로 접어서 사용해요.
- 아주 작은 구멍들이 무수하게 서로 엉켜 있어서 액체 정도만 빠져 나가고 일정한 크기 이상의 물질들은 빠져나갈 수 없게 되어 있어요.

교과서 문해력

과학

무엇과 무엇이 섞였을까요?

1문단 우리 주위에는 많은 물질이 있어요. 한 종류의 물질만으로 이루어진 것도 있고, 여러 종류의 물질이 섞여 이루어진 것도 있어요. 공기에는 질소, 산소, 이산화 탄소 등이 섞여 있고, 바닷물에는 물, 소금 등이 섞여 있어요. 공기나 바닷물같이 여러 가지 •순물질이 섞여 있는 것을 혼합물이라고 해요. 김밥에는 단무지, 달걀, 시금치 등 여러 재료가 섞여 있지만 각 재료의 맛을 모두 느낄 수 있어요. 이는 여러 가지 재료를 섞어 음식을 만들어도 각 재료의 색깔, 모양, 맛 등은 변하지 않기 때문이에요. 혼합물은 두 가지 이상의 물질이 성질이 변하지 않은 채 섞여 있어요.

2문단 혼합물은 다시 •균일 혼합물과 불균일 혼합물로 나뉘어요. 균일 혼합물은 소금물과 설탕물처럼 물질이 골고루 섞여 있는 것이고, 불균일 혼합물은 흙탕물처럼 물질이 고르게 섞이지 않은 것을 말해요. 물질이 고르게 섞이지 않은 흙탕물은 그대로 두면 흙이 가라앉아 흙과 물로 나누어져요.

3문단 혼합물은 섞여 있는 각 물질의 성질을 그대로 가지고 있기 때문에 각각의 물질로 •분리할 수 있어요. 혼합물을 분리하는 방법은 여러 가지가 있어요. 크기가 다른 알갱이가 섞여 있는 고체 혼합물은 알갱이의 크기 차이를 이용하여 쉽게 분리할 수 있어요. 고체 혼합물을 •체에 내리면 체의 •눈 크기보다 큰 알갱이는 체에 남고, 체의 눈 크기보다 작은 알갱이는 체를 빠져나가요. 물에 녹는 정도에 따라 분리할 수도 있어요. 소금과 모래의 혼합물은 물에 넣은 뒤 거름 장치로 거르면 물에 녹지 않는 모래는 •거름종이에 남고 물에 녹은 소금은 거름종이를 빠져나가요. 이처럼 액체에 녹지 않는 고체 물질을 걸러서 분리하는 방법을 거름이라고 해요. 또, 철이 섞여 있는 고체 혼합물은 철이 자석에 붙는 성질을 이용하여 쉽게 분리할 수도 있답니다.

이런 뜻이에요

- **순물질** 같은 종류로 이루어진 물질.
- **균일** 차이가 없이 같음.
- **분리할** 서로 나누어 떨어지게 할.
- **체** 가루를 곱게 만들거나 액체에서 찌꺼기를 거르는 데 쓰는 도구.
- **눈** 그물의 줄 사이에 있는 구멍.
- **거름종이** 여러 물질이 혼합된 액체에서 녹지 않는 물질을 걸러 내는 종이.

1 이 글의 중심 낱말에 ◯표 하세요.

혼합물	순물질	알갱이

2 다음 혼합물과 이를 분리하는 방법을 알맞게 줄로 이으세요.

소금과 모래의 혼합물 •	• 알갱이의 크기 차이를 이용하여 분리한다.
크기가 다른 고체 혼합물 •	• 물에 녹는 정도에 따라 분리한다.
철이 섞여 있는 고체 혼합물 •	• 자석에 붙는 성질을 이용하여 분리한다.

3 크기 차이를 이용해 혼합물을 분리한 예가 <u>아닌</u> 것은 무엇인가요? (　　　　)

① 공사장에서 모래와 자갈을 분리할 때 체를 이용한다.
② 마스크는 공기 중에 섞여 있는 먼지나 세균을 걸러 준다.
③ 정수기는 필터를 통해 이물질을 걸러서 물을 깨끗하게 만든다.
④ 소금과 모래가 섞인 바닷물을 거름 장치로 걸러 소금물을 얻는다.

4 다음 선생님의 설명을 읽고 알맞게 말하지 <u>않은</u> 친구는 누구인가요? (　　　　)

선생님: '불(不)'을 사용해서 반대의 뜻을 만들 수 있어요.

① '불필요'은 '필요'의 반대말이야.

② '불투명'은 '투명'의 반대말이야.

③ '불호령'은 '호령'의 반대말이야.

실생활 문해력

웹툰

콩쥐를 도와주세요

우리는 원님 잔치에 갈 테니까 너도 가고 싶으면

곡식을 깔끔하게 분리해 두도록 해.

콩쥐야, 왜 울고 있어?

이 많은 걸 다 분리해야 해. ㉠ 깨진 항아리에 담는 거라면 네가 도와줄 수 있겠지만…….

무슨 소리? 간단하지. 이런 체반 있으면 돼.

팥보다 크고 콩보다 작다.

좁쌀보다 크고 팥보다 작다.

와, 어느새 끝났네. •번갯불에 콩 볶아 먹겠다. 두꺼비야, 고마워.

흐—뭇

콩

팥

좁쌀

이런 뜻이에요

- **번갯불** 번개가 칠 때 번쩍이는 빛.

1 이 웹툰에서 콩쥐가 해결해야 할 일은 무엇인가요? (　　　　)

① 곡식으로 맛있는 밥을 짓는다.
② 원님 잔치에 입고 갈 옷을 구한다.
③ 섞여 있는 곡식을 한 종류씩 나눈다.
④ 두꺼비에게 깨진 항아리를 막아 달라고 부탁한다.

2 이 웹툰에서 문제를 해결한 방법으로 알맞은 것에 ○표 하세요.

(1) 물질의 크기 차이를 이용하여 분리한다. (　　　　)
(2) 물질이 물에 녹는 정도에 따라 분리한다. (　　　　)
(3) 물질이 자석에 붙는 성질을 이용하여 분리한다. (　　　　)

3 다음 중 ㉠에 나타난 콩쥐의 마음으로 알맞은 것은 무엇인가요? (　　　　)

① 안타깝다.
② 희망차다.
③ 원망스럽다.
④ 믿음직스럽다.

4 다음 보기 는 콩에 관한 속담에 대한 설명이에요. 이 속담은 무엇인지 웹툰에서 찾아 쓰세요.

보기

행동이 재빠르다는 말이에요. 또한 성격이 매우 급하여 무엇이든지 당장 해치우려 하는 행동을 이르는 말이기도 해요.

3주

교과서 문해력과 실생활 문해력을
한번에 키워 보세요.

일자	오늘의 낱말	오늘의 읽을거리	스스로 평가
1일	• 구기 • 등급 • 상태 • 형태	교과서 사전은 내 친구 실생활 국어사전을 찾아봐요	
2일	• 근력 • 여가 • 지구력 • 부실하다	교과서 여가 활동을 하며 건강하게 지내요 실생활 여가 활동을 해요	
3일	• 기체 • 수증기 • 용량 • 해동되다	교과서 그때그때 달라지는 물의 모습 실생활 수도 계량기가 꽁꽁 얼기 전에	
4일	• 양분 • 염분 • 적응 • 침투	교과서 식물이 자라는 것을 관찰해요 실생활 수목원에 오세요	
5일	• 대다수 • 자원 • 유지되다 • 한정되다	교과서 현명한 경제 활동을 해요 실생활 남극에도 냉장고가 필요할까?	

오늘의 낱말

다음 낱말을 소리 내어 읽어 보고 뜻을 살펴보세요.

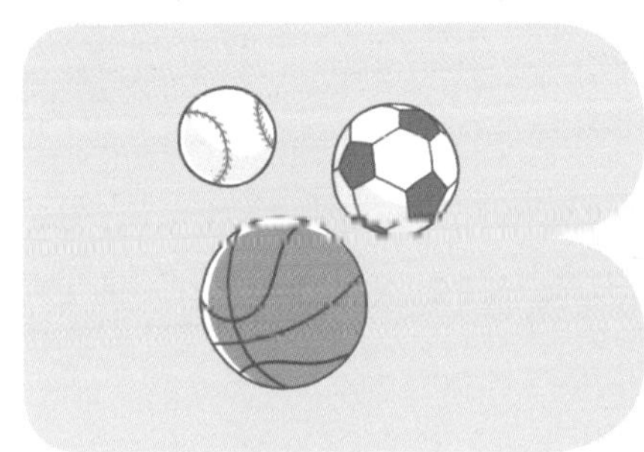

구기

야구, 축구, 배구 등과 같이 공을 사용하는 운동 경기.

등급

높고 낮음이나 좋고 나쁨의 차이를 여러 층으로 나누어 놓은 단계.

상태

사물이나 현상의 형편이나 모양.

형태

사물의 생김새나 모양.

오늘의 퀴즈

빈칸에 들어갈 알맞은 낱말을 보기 에서 골라 쓰세요.

보기

구기　　등급　　상태　　형태

1 건강 ☐☐ 가 좋다.

2 거북과 자라는 ☐☐ 가 비슷하다.

3 나는 ☐☐ 종목 중에서 야구를 제일 좋아한다.

4 제품을 품질에 따라 상, 중, 하 세 가지 ☐☐ 으로 구분한다.

미리 쌓는 배경지식

국어사전

- 우리가 쓰는 낱말을 모아 일정한 순서로 배열하고 그 각각의 뜻을 밝히어 풀이한 책을 말해요.
- 낱말의 뜻, 발음, 띄어쓰기 등을 확인할 수 있어요.
- 종이책 형태의 사전, 전자사전, 인터넷 사전 등이 있어요.

국어

사전은 내 친구

1문단 글을 읽다가 모르는 낱말이 나오면 국어사전에서 찾아볼 수 있어요. 인터넷으로 낱말을 찾을 수도 있지만, 종이책 국어사전을 사용하면 더 많은 정보를 얻을 수 있어요. 종이책 국어사전은 일정한 규칙에 따라 낱말이 실려 있으므로 낱말을 찾는 방법을 알아야 해요.

2문단 국어사전에서 낱말은 글자의 순서대로 실려 있어요. 글자는 첫 자음자, 모음자, 끝 자음자로 이루어져 있어요. 글자의 •낱자는 기본 한글 자음과 모음의 순서에 따라 실려 있어요. 찾으려는 낱말의 첫 번째 글자의 첫 자음자를 한글 자음의 순서대로 찾고, 모음자, 끝 자음자 순서대로 찾아요.

3문단 낱말에는 •형태가 바뀌는 낱말과 형태가 바뀌지 않는 낱말이 있어요. 형태가 바뀌는 낱말에는 사람이나 사물의 움직임을 나타내는 낱말과 사람이나 사물의 성질이나 •상태를 나타내는 낱말이 있어요. 사람이나 사물의 움직임을 나타내는 낱말의 예로는 '먹다, 자다, 놀다' 같은 낱말이 있어요. '먹다'는 '먹다, 먹는다, 먹고, 먹으니'처럼 형태가 바뀌어요. 사람이나 사물의 성질이나 상태를 나타내는 낱말에는 '춥다, 예쁘다, 깨끗하다' 같은 낱말이 있어요. '춥다'는 '춥다, 춥고, 추우니, 춥게'처럼 모양이 바뀌어요. 형태가 바뀌는 낱말을 국어사전에서 찾을 때에는 '먹', '춥'과 같이 낱말에서 형태가 바뀌지 않는 부분에 '–다'를 붙여 기본형을 만들어 찾아요. 이와 다르게 사람이나 사물의 이름을 나타내는 낱말은 모양이 바뀌지 않아요. 그에 대한 예로는 '기차, 가족, 학교' 등이 있어요.

4문단 사전을 찾으면 낱말의 정확한 뜻을 알 수 있고 글의 내용을 더 잘 이해할 수 있어요. 뜻이 반대인 말이나 비슷한 말들을 더 확인할 수 있어서 낱말을 풍부하게 익히고 사용할 수 있답니다.

이런 뜻이에요

- **낱자** 자음이나 모음 같은 낱낱의 글자.
- **형태** 사물의 생김새나 모양.
- **상태** 사물이나 현상의 형편이나 모양.

세부 내용 1 국어사전에서 낱말을 찾으면 좋은 점이 아닌 것은 무엇인가요? (   )

① 낱말의 정확한 뜻을 알 수 있다.
② 최신 유행어를 빠르게 알 수 있다.
③ 글의 내용을 더 잘 이해할 수 있다.
④ 뜻이 반대인 말이나 비슷한 말들을 익힐 수 있다.

세부 내용 2 국어사전에서 낱말이 실려 있는 원칙을 이 글에서 찾아 쓰세요.

• 낱말은 글자의 □□ 대로 실려 있음.

내용 추론 3 다음 보기 의 문장에 나오는 낱말을 사전에서 찾아보려고 해요. 질문에 따라 답을 쓰세요.

보기

태양에서 넷째로 가까운 행성인 화성은 중세 시대 이전에도 하늘을 관측하던 과학자들에게 매우 중요한 천체였다.

(1) '행성', '중세', 천체' 낱말을 사전에 실리는 순서대로 쓰세요.

• (   ) → (   ) → (   )

(2) '관측하던, 중요한'의 기본형을 쓰세요.

• 관측하던: (   ), 중요한: (   )

어휘·표현 4 낱말의 종류와 그에 대한 설명으로 알맞은 것을 줄로 이으세요.

명사: 태극기, 친구, 강아지 •	• 사람이나 사물의 움직임을 나타내는 낱말.
형용사: 따뜻하다, 좋다, 기쁘다 •	• 사람이나 사물의 성질이나 상태를 나타내는 낱말.
동사: 쓰다, 달리다, 노래하다 •	• 사람이나 사물의 이름을 나타내는 낱말.

국어사전

국어사전을 찾아봐요

먹다[1]

동사 귀나 코가 막혀서 제 기능을 하지 못하게 됨. 또는 그렇게 되게 함.

예 코 먹은 소리를 내다.

비슷한 말 귀먹다, 멀다[1]

먹다[2]

동사

I. 「…을」

1. 음식 따위를 입을 통하여 배 속에 들여보냄.
   예 밥을 먹다.
2. ㉠어떤 마음이나 감정을 품음.
   예 겁을 먹다.
3. 일정한 나이에 이르거나 나이를 더함.
   예 나이를 먹다.
4. 욕, 핀잔 따위를 듣거나 당함.
   예 하루 종일 욕만 되게 먹었네.
5. 물이나 습기 따위를 빨아들임.
   예 기름 먹은 종이.
6. 어떤 *등급을 차지하거나 점수를 땀.
   예 1등을 먹다.
7. *구기 경기에서, 점수를 잃음.
   예 상대편에게 먼저 한 골을 먹었다.

II. 「…에」

1. 바르는 물질이 배어들거나 고루 퍼짐.
   예 옷감에 풀이 잘 먹어야 다림질하기가 좋다.
2. 벌레, 균 따위가 파 들어가거나 퍼짐.
   예 사과에 벌레가 많이 먹었다.

이런 뜻이에요

- **등급** 높고 낮음이나 좋고 나쁨의 정도를 여러 층으로 나누어 놓은 단계.
- **구기** 야구, 축구, 배구 등과 같이 공을 사용하는 운동 경기.

1 다음 보기 의 국어사전 사용법을 읽고, 이해한 내용으로 알맞지 않은 것은 무엇인가요? (   )

보기

- 소리는 같지만 서로 다른 낱말인 경우에는 낱말 오른쪽 위에 작은 숫자 ^{1}, ^{2} 등을 붙여 구분합니다.
- 한 낱말 안에 여러 뜻을 가진 경우에는 그 낱말 아래에 1, 2, 3으로 구분하여 설명합니다.
- 필수 문장 성분이 있는 경우에는 「…을」, 「…에」처럼 표시합니다.

① '벌레가 많이 먹었다.'라는 문장에는 '…에'가 반드시 필요하다.
② '밥을 먹다.'의 '먹다'와 '나이를 먹다.'의 '먹다'는 다른 낱말이다.
③ '기름 먹은 종이.'는 '기름을 먹은 종이.'에서 '을'이 생략된 것이다.
④ '코 먹은 소리를 내다.'와 '하루 종일 욕만 먹었다.'의 '먹다'는 다른 낱말이다.

2 '먹다'가 어느 뜻으로 사용된 것인지 알맞게 줄로 이으세요.

먹다^{1} •	• 아까 잔뜩 밥을 먹고도, 또 음식이 들어가니?
먹다^{2} •	• 가는귀를 먹었는지 아무리 불러도 그냥 지나가더라.

3 다음 중 국어사전을 알맞게 사용하지 않은 친구는 누구인가요? (   )

① 수희: 설날에 떡국을 먹는 까닭을 확인하고 싶어.
② 채아: 낱말의 뜻을 확인한 다음에 다양한 예문도 더 읽어 볼 거야.
③ 재민: 비슷한 말이 적혀 있으면 사전에서 그 낱말도 추가로 찾아볼 거야.
④ 하람: 내가 찾으려는 '먹다'가 '먹다^{1}', '먹다^{2}' 중 어느 것인지 확인해야 해.

4 다음 중 ㉠의 뜻으로 사용된 낱말이 아닌 것은 무엇인가요? (   )

① 그는 앙심을 먹고 투서를 넣었다.
② 세상일은 마음 먹기에 달려 있다.
③ 김이 습기를 먹었는지 눅눅해졌다.
④ 그녀는 한 번 먹은 뜻을 끝까지 잊지 않았다.

오늘의 낱말

다음 낱말을 소리 내어 읽어 보고 뜻을 살펴보세요.

근력

근육의 힘.

여가

일이 없어 남는 시간. 또는 일을 하는 중간에 생기는 여유 토운 시간.

지구력

어떤 일을 오래하거나 버티는 힘.

부실하다

내용이 실속이 없고 충분하지 못함.

오늘의 퀴즈

다음 낱말의 뜻으로 알맞은 것을 줄로 이으세요.

근력 •	• 근육의 힘.
지구력 •	• 일이 없어 남는 시간. 또는 일을 하는 중간에 생기는 여유로운 시간.
여가 •	• 어떤 일을 오래하거나 버티는 힘.
부실하다 •	• 내용이 실속이 없고 충분하지 못함.

미리 쌓는 배경지식

여가 활동

- 여가 활동은 일이나 공부를 하지 않는 시간이나 그 중간에 생기는 여유로운 시간에 즐거움을 얻기 위해 지속적으로 하는 활동을 말해요.
- 우리는 여가 활동을 통해 피로와 스트레스를 풀 수 있을 뿐만 아니라 보람을 느낄 수도 있고 자기 계발을 할 수도 있어요.

체육

여가 활동을 하며 건강하게 지내요

1문단 대부분의 사람들은 남는 시간에 휴식을 취하거나 취미 생활이나 운동과 같은 여러 가지 활동을 하는데, 이를 •여가 활동이라고 해요. 여가를 이용해 다양한 활동을 하면 우리의 생활이 즐거워지고 몸과 마음이 건강해져요. 우리 모두 자신에게 맞는 여가 활동을 찾아보면 어떨까요?

2문단 여가 활동을 잘하려면 나의 흥미에 맞는 활동인지, 나의 여가 시간에 할 수 있는 활동인지, 나의 •수준에 맞는 활동인지, 꾸준히 계속할 수 있는 활동인지 생각해야 해요. 알맞은 여가 활동을 계획하고 꾸준히 실천하여 건강한 생활을 하도록 합시다. 쉽게 시작할 수 있는 여가 활동으로는 산책하기와 자전거 타기가 있어요.

3문단 바르게 산책하려면 어떻게 해야 할까요? 우선, 등을 곧게 펴고, '발뒤꿈치 → 발바닥 → 발끝'의 순서로 발을 내딛어 걸어요. 걸을 때는 배에 힘을 주고 등을 곧게 펴요. 팔을 자연스럽게 앞뒤로 흔들고 10~15m 앞의 땅바닥을 바라보며 걸어요. 걷기를 꾸준히 하면 여러 •질병을 예방할 수 있고, •지구력도 기를 수 있어요.

4문단 자전거 타기는 허리와 다리의 •근력을 기르는 데 도움이 돼요. 자전거를 탈 때는 안전 수칙을 지켜야 해요. 우선, 헬멧, 장갑, 팔꿈치와 무릎 보호대 등의 보호 장비를 잘 착용해야 해요. 장비가 •부실하면 부상을 당할 위험이 있어요. 또한 자전거 전용 도로를 이용하면 안전하게 자전거를 탈 수 있어요. 그리고 횡단보도에서는 길을 건너는 다른 사람들이 다치지 않도록 자전거에서 내려서 끌고 가야 해요.

5문단 우리 모두 여가 활동을 하면서 몸과 마음의 피로와 스트레스를 풀어요. 나에게 잘 맞는 여가 활동은 평생 나를 즐겁게 해 주는 친구랍니다.

이런 뜻이에요

- **여가** 일이 없어 남는 시간. 또는 일을 하는 중간에 생기는 여유로운 시간.
- **수준** 사물의 가치나 질 등을 판단하는 기준이 되는 정도.
- **질병** 몸의 온갖 병.
- **지구력** 어떤 일을 오래하거나 버티는 힘.
- **근력** 근육의 힘.
- **부실하면** 내용이 실속이 없고 충분하지 못하면.

1 이 글이 중심 낱말에 ○표 하세요.

여가 시간	여가 활동	여가 산업

2 다음 중 여가 활동을 잘하는 방법으로 알맞지 않은 것은 무엇인가요? (　　　)

① 나의 흥미에 맞는 활동을 한다.
② 나의 수준에 맞는 활동을 한다.
③ 마음먹고 특별히 할 수 있는 활동을 한다.
④ 나의 여가 시간에 할 수 있는 활동을 한다.

3 다음에서 자전거 타기 안전 수칙을 지키지 않은 친구는 누구인가요? (　　　)

①

②

③

4 이 글을 읽고 난 뒤에 친구들이 여가 활동 계획을 이야기하고 있어요. 알맞게 말하지 않은 친구는 누구인가요? (　　　)

① 가람: 산책은 꾸준히 할 수 있을 것 같아. 여가 활동으로 산책을 해야겠어.
② 나리: 난 자전거 타기를 싫어하지만 친구들이 모두 자전거를 타니까 나도 타야겠어.
③ 다솜: 나는 줄넘기하는 게 너무 재미있어. 매일 몇 개씩 할지 계획을 세워서 해야겠다.
④ 라나: 산책하기는 그냥 걷기만 하는 게 아니구나. 바른 자세를 익혀서 제대로 해 봐야겠어.

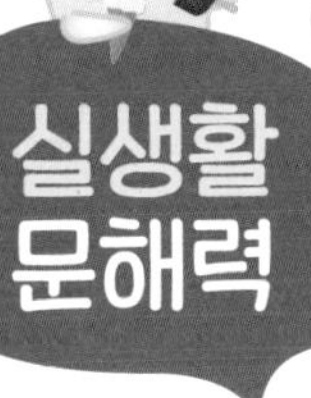

여가 활동을 해요

신청 대상

1. 인주시에 살고 있는 주민
2. 인주시에 있는 초·중·고등학교 재학생
   - 모집 인원: 각 20명
   - 모집 기간: 20○○.○○.○○ ~ 프로그램별 모집 인원 마감 시까지 선착순 ㉠접수

신청 방법

1. 이메일 신청(hobby@inju.go.kr)
2. 방문 신청(인주시 종합사회복지관 마을복지팀)
   - 문의: 마을복지팀 채주영 대리 ☎ 043-571-2967

프로그램 안내

강의명	요일	시간	수강료	장소
요가	수, 금	10:00~12:00	10,000원(3개월)	강당
우쿨렐레	목	19:00~20:00	20,000원(3개월)	프로그램실
음악 줄넘기	화, 목	16:00~18:00	10,000원(3개월)	강당
웹툰 그리기	월, 금	17:00~19:00	50,000원(3개월)	프로그램실

인주시 종합사회복지관

1 이 안내문에서 확인할 수 있는 내용으로 맞으면 ○표, 틀리면 ×표 하세요.

(1) 프로그램 모집 인원 ( )

(2) 프로그램 신청 방법 ( )

(3) 프로그램 진행 강사 ( )

(4) 프로그램 수강 금액 ( )

2 이 안내문을 읽고 난 뒤의 반응으로 알맞지 않은 것은 무엇인가요? ( )

① 프로그램 모집 인원이 마감되기 전에 서둘러 접수해야겠군.

② 프로그램을 신청하기 위해 인주시 행정 복지 센터에 방문해야겠군.

③ 프로그램에 궁금한 점이 있으니 채주영 대리와 통화를 하면 되겠군.

④ 나는 서울시에 살고 있지만 인주시에서 학교를 다니니 프로그램을 들을 수 있겠군.

3 안내문을 참고하여 다음 글의 빈칸에 들어갈 프로그램명을 쓰세요.

> 오늘은 기다리던 ________ 수업 첫날이다. 강당에 모여 다 같이 기본 동작을 배웠다. 아예 처음 배우는 것이다 보니 실수도 많이 하고, 수업이 점심시간 전이라 배에서 꼬르륵 소리가 나서 조금 창피했다. 그래도 즐거운 취미가 생긴 것 같아서 벌써 다음 시간이 기대된다.

____

4 다음 중 ㉠과 바꾸어 쓸 수 있는 낱말은 무엇인가요? ( )

① 등록

② 상담

③ 발급

④ 취소

3주 3일

오늘의 낱말

다음 낱말을 소리 내어 읽어 보고 뜻을 살펴보세요.

기체

공기, 수소, 산소와 같은 물질. 일정한 모양과 부피가 없음.

수증기

물이 증발하여 기체 상태로 된 것.

용량

가구나 그릇 같은 일정한 공간 안에 들어갈 수 있는 양.

해동되다

얼었던 것이 녹아서 풀림.

오늘의 퀴즈

다음 낱말과 알맞은 뜻을 줄로 이으세요.

기체 •	• 얼었던 것이 녹아서 풀림.
수증기 •	• 물이 증발하여 기체 상태로 된 것.
용량 •	• 가구나 그릇 같은 일정한 공간 안에 들어갈 수 있는 양.
해동되다 •	• 공기, 수소, 산소와 같은 물질. 일정한 모양과 부피가 없음.

미리 쌓는 배경지식

생활 속 물의 상태 변화

- 몸에서 열이 날 때 얼음주머니를 이마 위에 올려놓으면 얼음이 물로 변하면서 체온을 낮춰 열을 내려줘요.
- 액체 상태인 물을 끓이면 물이 기체 상태인 수증기가 돼요. 이 수증기로 음식을 익히거나 데울 수 있어요.
- 실내가 건조할 때 가습기 통에 물을 채워 사용하면 물이 수증기로 변하여 건조함을 줄여 줘요.

교과서 문해력

과학

그때그때 달라지는 물의 모습

1문단 물은 우리 주변에 세 가지 상태로 있어요. 물의 고체 상태를 얼음, 액체 상태를 물, •기체 상태를 •수증기라고 해요. 물을 0℃ 이하의 온도로 얼리면 얼음이 되고, 100℃ 이상으로 •가열하면 수증기가 돼요. 물은 얼음으로 변하거나 수증기로 변할 수 있고, 수증기나 얼음은 물로 변할 수 있어요. 이를 물의 상태 변화라고 해요.

2문단 물이 얼거나 얼음이 녹을 때 무게는 변하지 않지만 부피는 변해요. 물이 얼면 부피가 늘어나고, 얼음이 녹으면 부피가 줄어들어요. 500mL •용량의 페트병에 물을 가득 넣어 얼리면 뚜껑이 저절로 열리거나, 겨울철에 물이 얼어 •수도 계량기가 터지기도 하는 것은 물이 얼면서 부피가 늘어나기 때문이에요.

3문단 컵에 물을 담아 두면 시간이 지날수록 물의 양이 점점 줄어들어요. 이는 물이 수증기로 변하여 공기 중으로 날아갔기 때문이에요. 이처럼 물의 표면에서 물이 수증기로 변하는 현상을 증발이라고 해요. 물을 가열하면 시간이 지난 뒤 물속에서 •기포가 생기며 물이 끓어요. 이 기포는 물이 수증기로 변한 것이에요. 물의 표면과 물속 모두에서 물이 수증기로 변하는 현상을 끓음이라고 해요. 물이 끓을 때에는 증발할 때보다 더 빠르게 수증기로 변하여 물의 양이 빨리 줄어들어요. 수증기는 눈으로 볼 수 없어서 물이 수증기로 변하면 사라진 것처럼 보여요. 하지만 수증기는 눈에 보이지 않지만 공기 중에 있어요. 냉장고에서 차가운 물병을 꺼내 놓으면 공기 중의 수증기가 물병의 표면에 닿아 물방울로 맺히는데 이처럼 수증기가 물로 변하는 현상을 •응결이라고 한답니다.

이런 뜻이에요

- **기체** 공기, 수소, 산소와 같은 물질. 일정한 모양과 부피가 없음.
- **수증기** 물이 증발하여 기체 상태로 된 것.
- **가열하면** 어떤 물질에 열을 가하면.
- **용량** 가구나 그릇 같은 일정한 공간 안에 들어갈 수 있는 양.
- **수도 계량기** 수도를 통해 공급되는 물의 소비량을 재는 기구.
- **기포** 고체나 액체의 내부에 기체가 들어가 둥그렇게 거품처럼 된 것.
- **응결** 액체가 한 덩어리로 엉기어 뭉침.

이 글의 중심 내용이 무엇인지 빈칸에 알맞은 말을 쓰세요.

• 물이 얼음이나 수증기로 변하고, 수증기나 얼음이 물로 변하는 현상을

물의 □□ □□라고 한다.

이 글의 내용으로 맞으면 ○표, 틀리면 ×표 하세요.

(1) 물을 100℃ 이상으로 가열하면 수증기가 되어 사라진다. ( )

(2) 물이 끓을 때에는 증발할 때보다 더 빠르게 수증기로 변한다. ( )

(3) 물이 얼 때는 부피가 줄고, 얼음이 녹을 때는 부피가 늘어난다. ( )

우리 주변에서 만날 수 있는 증발 현상의 사례가 아닌 것은 무엇인가요? ( )

① 고추를 햇볕에 말렸다.

② 물을 냉동고에 얼렸다.

③ 목욕 후 머리카락을 드라이기로 말렸다.

④ 젖은 빨래를 옥상에 널었더니 몇 시간 후에 빨래가 말랐다.

다음 〈가로〉, 〈세로〉의 낱말 뜻을 읽고, 낱말 퍼즐의 가로, 세로 빈칸에 들어갈 알맞은 낱말을 쓰세요.

〈가로〉
수나 양이 더 늘어나거나 많아짐.
〈세로〉
나중에 더 보탬.

(1)

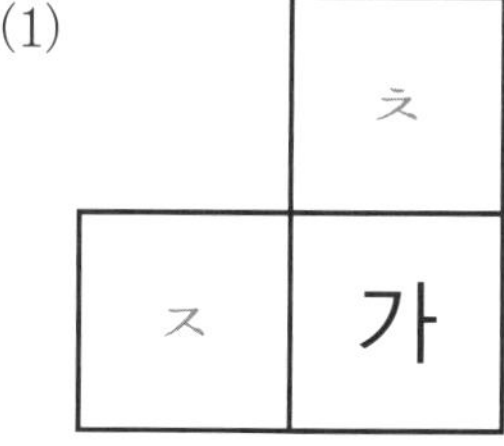

〈가로〉
어떤 물질에 뜨거운 열을 가함.
〈세로〉
열이 나가거나 들어오지 않도록 막음.

(2)

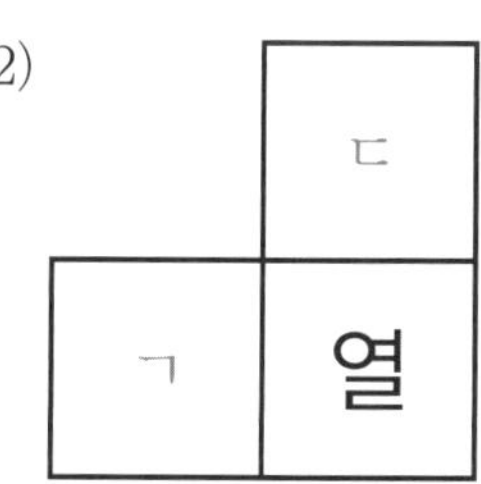

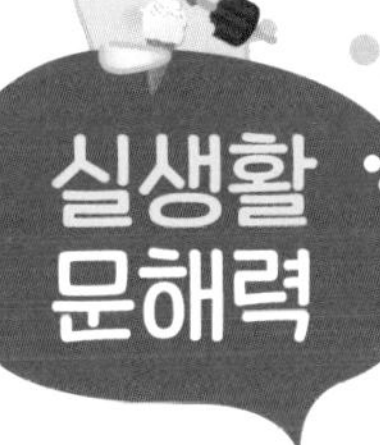

실생활 문해력

안내문

수도 계량기가 꽁꽁 얼기 전에

겨울철 수도 계량기 관리법

수도 계량기 °동파 예방 방법

1. 수도 계량기 보호통 내부에 헌옷 등을 가득 채워 외부의 차가운 공기가 스며들지 않도록 합니다.
2. 뚜껑 부분은 °보온재로 덮고 비닐 등으로 넓게 °밀폐합니다.
3. °혹한 시에는 수도꼭지를 조금 틀어 놓습니다.

수도 계량기 및 수도관이 얼었을 때 조치 사항

1. 30~40도 정도의 미지근한 물로 서서히 녹여 주세요.
2. 50도 이상의 뜨거운 물이나 헤어 드라이기를 사용해서는 안 됩니다.
3. 수도 계량기가 얼어서 유리가 깨지면 지역별 수도 사업소로 신고해 주세요.

이런 뜻이에요

- **동파** 얼어서 터짐.
- **보온재** 따뜻한 온도를 일정하게 유지하는 재료.
- **밀폐합니다** 샐 틈이 없이 꼭 막거나 닫습니다.
- **혹한** 몹시 심한 추위.

1 이 안내문을 만든 목적은 무엇인가요? (   )

① 행사 정보를 안내하기 위해서
② 제품의 특성을 홍보하기 위해서
③ 지역 관광 명소를 안내하기 위해서
④ 문제 예방 및 개선 방법을 알리기 위해서

2 수도 계량기 동파 예방을 위해 할 수 있는 일로 알맞지 않은 것은 무엇인가요? (   )

① 수도 계량기 보호통 내부를 헌옷으로 채운다.
② 혹한 시에는 수도꼭지를 조금씩 틀어 놓는다.
③ 수도 계량기 보호통 뚜껑을 비닐로 넓게 밀폐한다.
④ 수도 계량기 보호통을 공기가 잘 통하도록 열어 놓는다.

3 빈칸에 들어갈 속담으로 알맞은 것은 무엇인가요? (   )

> 겨울철 가정의 수도 계량기가 동파되면 이를 수리하거나 교체하느라 많은 비용이 들 뿐만 아니라, •단수로 큰 불편을 겪게 됩니다. 수도 계량기가 꽁꽁 얼어붙은 다음에서야 이를 녹이려고 하는 것은 '____________' 입니다. 수도 시설을 미리 점검하고 보온하여 동파를 예방합시다.
>
> •**단수** 물길이 막히거나 물길을 차단하여 물이 흐르지 못하게 함.

① 식은 죽 먹기
② 계란으로 바위치기
③ 소 잃고 외양간 고치기
④ 손바닥으로 하늘 가리기

4 수도 계량기가 얼었을 때 해야 할 조치를 잘못 이해한 친구는 누구인가요? (   )

① 미지근한 물로 수도 계량기를 천천히 녹여야 해.

② 최대한 빨리 헤어 드라이기로 수도 계량기를 녹여야 해.

③ 수도 계량기의 유리가 깨졌으니 수도 사업소에 연락해야 해.

4일

오늘의 낱말

다음 낱말을 소리 내어 읽어 보고 뜻을 살펴보세요.

양분

영양이 되는 성분.

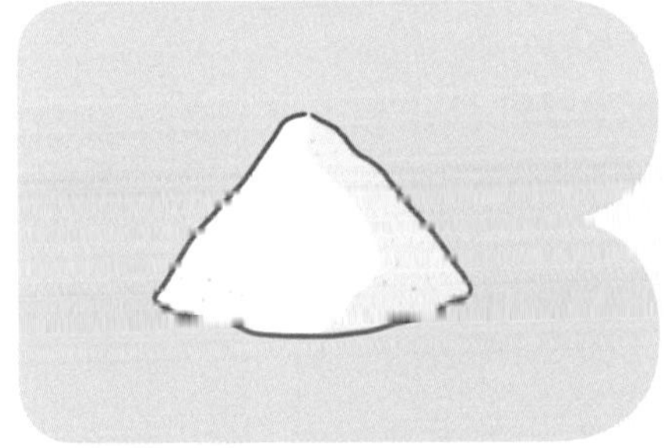

염분

소금 성분.

적응

어떠한 조건이나 환경에 익숙해지거나 알맞게 변화함.

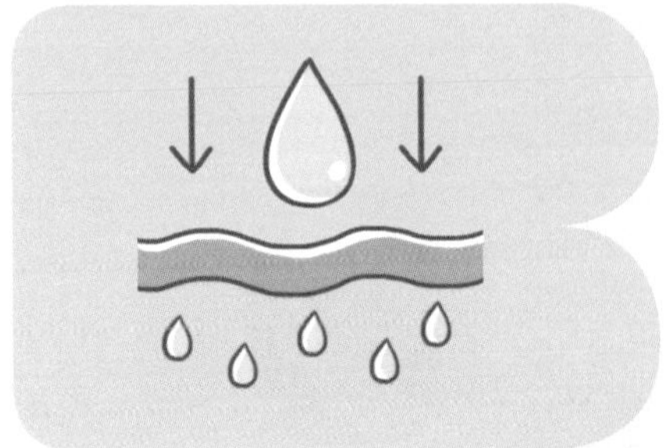

침투

액체 따위가 스며듦.

오늘의 퀴즈

다음 낱말과 알맞은 뜻을 줄로 이으세요.

양분 •	• 영양이 되는 성분.
염분 •	• 액체 따위가 스며듦.
적응 •	• 소금 성분.
침투 •	• 어떠한 조건이나 환경에 익숙해지거나 알맞게 변화함.

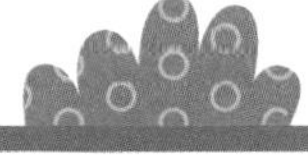

미리 쌓는 배경지식

수목원

- 관찰이나 연구를 목적으로 여러 가지 나무와 다양한 식물을 심어 가꾸는 곳을 말해요.
- 최근에는 식물을 수집하고 연구하는 것뿐만 아니라 사람들에게 자연과 조화를 이루는 삶을 제공하는 공간으로 역할이 확대되고 있어요.

과학

식물이 자라는 것을 관찰해요

1문단 동물은 다리나 날개가 있어 자유롭게 움직이지만, 식물은 한번 뿌리를 내리면 다른 곳으로 이동하기가 어려워요. 그래서 식물은 자신이 뿌리내린 •서식지에서 잘 자라기 위해 여러 가지 방법으로 환경에 적응하여 살아가고 있어요. 식물은 뿌리로 물이나 흙에 있는 영양분을 빨아들이거나, 햇빛을 이용하여 스스로 •양분을 만들며 살아가요.

2문단 들이나 산에 가면 다양한 식물을 볼 수 있어요. 들이나 산에서 사는 식물은 대부분 줄기와 잎이 잘 구분되며, 뿌리를 땅에 뻗고 살아가요. 식물은 연못이나 강가에서도 살아요. 연못이나 강가에는 물 위에 떠서 사는 식물, 물속에 잠겨 사는 식물이 있어요. 물 위에 떠서 사는 식물은 물에 뜨기 좋게 잎이 넓적하고 공기주머니가 있으며 수염과 같은 뿌리가 있어요. 물속에 잠겨 사는 식물은 •물살에 적응하기 위해 줄기가 약하고 잎이 좁고 긴 편이에요. 바닷가에 사는 식물들은 강한 바닷바람을 이기기 위하여 땅 위를 기어가듯이 줄기를 뻗으며 자라요. 특히 두껍고 윤기 나는 잎은 강한 햇빛을 •반사해 주고 •염분의 •침투를 막아 줘요. 물이 부족한 사막에 사는 선인장은 잎이 가늘고 뾰족해서 물이 쉽게 증발되지 않도록 해요. 또한 뿌리가 길게 뻗어 있어서 땅속 깊은 곳에서 물을 빨아들이며, 이렇게 빨아들인 물을 줄기에 잔뜩 저장해 놓아요.

3문단 이와 같이 식물은 사는 곳의 환경에 알맞은 생김새와 생활 방식으로 살아가요. 생물의 생김새 등이 환경에 알맞게 오랜 기간 동안 변하는 것을 •적응이라고 해요.

이런 뜻이에요

- **서식지** 생물이 일정한 곳에 자리를 잡고 사는 곳.
- **양분** 영양이 되는 성분.
- **물살** 물이 흐르는 힘이나 속도.
- **반사해** 빛이나 전파 등이 다른 물체의 표면에 부딪혀서 나아가던 방향이 반대 방향으로 바뀌게 해.
- **염분** 소금 성분.
- **침투** 액체 따위가 스며듦.
- **적응** 어떠한 조건이나 환경에 익숙해지거나 알맞게 변화함.

중심 내용 **1** 3문단 의 중심 낱말에 ○표 하세요.

환경	적응	생활	생김새

세부 내용 **2** 다음 중 들이나 산에서 사는 식물은 '들', 연못이나 강가에 사는 식물은 '연', 바닷가에 사는 식물은 '바', 사막에 사는 식물은 '사'라고 쓰세요.

(1) 잎이 넓적하고 공기주머니가 있어요. ( )

(2) 잎이 뾰족해서 물이 쉽게 증발되지 않아요. ( )

(3) 땅 위를 기어가듯이 줄기를 뻗으며 자라요. ( )

(4) 줄기와 잎이 잘 구분되며, 뿌리를 땅에 뻗고 살아요. ( )

세부 내용 **3** 식물의 생김새와 그렇게 변한 까닭을 알맞게 줄로 이으세요.

바닷가에 사는 식물의 잎이 두껍고 윤기 나는 까닭 •	• 물살에 적응하기 위함.
물속에 잠겨 사는 식물의 줄기가 약하고 잎이 좁고 긴 까닭 •	• 땅속 깊은 곳에서 물을 빨아들이기 위함.
사막에 사는 식물이 뿌리를 길게 뻗어 자라는 까닭 •	• 햇빛을 반사해 주고 염분의 침투를 막기 위함.

안내문

수목원에 오세요

초록 수목원

초록수목원은 2015년 9월 1일에 개원한 인주시 공립 수목원입니다.

약 1,700여 종의 다양한 식물의 전시, 교육, 연구 및 개발을 진행하고 있습니다.

이용 안내

이용 시간: 05:00~22:00 | 연중 무휴

쾌적한 수목원 이용을 위해 지켜 주세요.

- 화단 출입을 하지 마세요.
- 식물, 씨앗을 다치게 하거나 가져가는 것을 금지합니다.
- 체험관을 포함한 수목원의 모든 지역은 금연 지역입니다.
- 돗자리, 텐트, 캠핑용 의자 및 테이블 설치를 금지합니다.
- 자전거, 인라인스케이트, 킥보드 등의 탑승을 금지합니다.
- 수목원에는 쓰레기통이 없습니다. 쓰레기는 다시 가져가 주세요.

참여 프로그램 안내

걸어서 수목원 속으로	식물 키우기 교육	자원봉사 활동
• 대상: 누구나 • 내용: 숲 해설가의 안내에 따라 수목원 이곳저곳을 걸으며 다양한 식물들을 관찰합니다. • 신청 방법: 초록수목원 안내소에 방문 접수	• 대상: 초등학생 이상 • 내용: 집에서 키우기 쉬운 식물은 무엇인지와 어떻게 키우면 잘 자랄 수 있는지를 알려드립니다. • 신청 방법: 인터넷 사전 예약	• 대상: 식물 키우기 교육을 들은 사람 • 내용: 잡초 제거 등 기본적인 수목원 관리 활동을 할 수 있습니다. • 신청 방법: 자원봉사 누리집에서 신청

1 이 안내문에서 초록수목원에 대해 알 수 내용으로 알맞지 않은 것은 무엇인가요? (　　　)

① 인주시에 위치하고 있다.
② 식물을 연구하고 개발한다.
③ 설날과 추석에도 관람할 수 있다.
④ 별도의 안내소는 마련되어 있지 않다.

2 다음 중 수목원 이용 규칙을 지킨 친구는 누구인가요? (　　　)

① 화단에 들어가 사진을 찍은 솔지
② 돗자리를 깔고 앉아 도시락을 먹은 가민
③ 봉선화 씨앗을 가져와 집 앞 마당에 심은 미정
④ 산책로에 버려진 쓰레기를 가져와 집에서 버린 재현

3 이 안내문을 읽고 난 뒤의 반응으로 알맞지 않은 것은 무엇인가요? (　　　)

① 유치원생인 내 동생도 참여할 수 있는 프로그램이 있구나.
② 잡초 제거 등의 활동은 자원봉사자의 도움을 받기도 하는구나.
③ 숲 해설가와 함께 자전거를 타고 식물원을 관람하는 프로그램이 있구나.
④ 나는 식물 키우기 교육을 들었으니 자원봉사 활동을 신청할 수 있겠구나.

4 다음은 장소를 나타내는 이름들이에요. 같은 글자가 쓰이는 장소들을 빈칸에 쓰세요.

식물**원**, 동물**원**	
안내**소**, 대여**소**	
체험**관**, 미술**관**	

다음 낱말을 소리 내어 읽어 보고 뜻을 살펴보세요.

대다수

거의 모두 다.

자원

사람이 생활하거나 경제적인 생산을 하는 데 이용되는 노동력이나 기술.

유지되다

어떤 상태나 상황 등을 그대로 이어 나가게 됨.

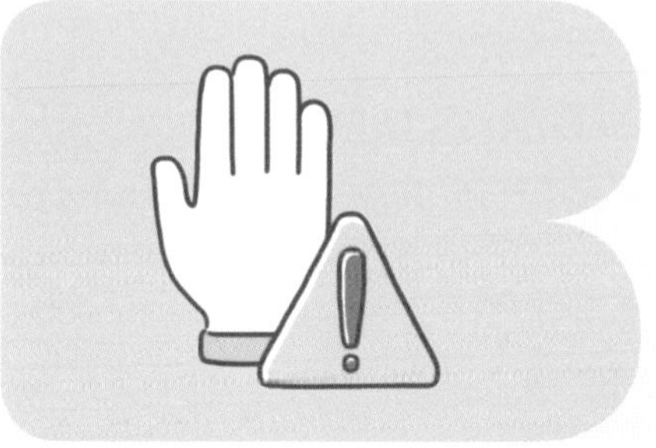

한정되다

수량이나 범위 따위가 제한되어 정해짐.

오늘의 퀴즈

빈칸에 들어갈 알맞은 낱말을 보기에서 골라 쓰세요.

보기

대다수 　자원 　유지 　한정

1 어린이는 우리나라의 중요한 ☐☐이다.

2 건강 ☐☐의 지름길은 꾸준한 운동밖에 없다.

3 ☐☐☐의 의견도 중요하지만 소수의 의견도 존중해야 한다.

4 이 물건은 ☐☐ 판매된 물건이어서 갖고 있는 사람이 많지 않다.

미리 쌓는 배경지식

경제

- 생활에 필요한 재화나 서비스를 생산하고, 분배하고, 소비하는 모든 활동을 경제라고 해요.
- 재화는 옷, 음식처럼 사람이 바라는 것을 충족시켜 주며 보고 만질 수 있는 물건을 뜻하고, 서비스는 택배 기사가 물건을 배달해 주는 것과 같이 다른 사람에게 혜택을 주는 행위를 말해요.

사회

현명한 경제 활동을 해요

1문단 우리가 생활하는 데 필요한 것들을 만들고 사용하는 것과 관련된 모든 활동을 경제 활동이라고 해요. 일상생활에서 우리는 다양한 경제 활동을 찾아볼 수 있어요. 농사를 짓고, 물고기를 잡고, 공장에서 물건을 만들고 그것들을 시장이나 마트에서 사고파는 활동들이 모두 경제 활동이에요.

2문단 우리가 원하는 것은 많지만, 그것들을 모두 가질 수는 없어요. 쓸 수 있는 돈과 시간 등의 •자원이 부족하기 때문이에요. 사람들이 원하는 것은 많지만 쓸 수 있는 자원이 •한정되어 있어 원하는 것을 모두 가질 수 없는 상태를 '자원의 희소성'이라고 해요. 희소성은 사람들의 욕구와 상황에 따라 다르게 나타나요. 매우 •희귀한 물건이라 할지라도 그 물건을 찾는 사람이 없다면 •희소하지 않아요. 그러나 사막에서 목마른 사람에게 주는 한 모금의 물은 집에서 마시는 정수기의 물보다 더 희소해요. 기온이 높고 더운 열대 지방에서는 에어컨이 많아도 에어컨의 수량보다 더 많은 사람들이 필요로 하기 때문에 희소성이 있지만, 추운 지역에서는 에어컨이 적어도 사람들이 원하지 않기 때문에 희소성이 없답니다. 이처럼 희소성은 개인의 욕구와 상황에 따라 변하하기 때문에 •상대적이에요.

3문단 자원의 희소성으로 인해 경제 활동에서는 다양한 선택의 문제가 일어나요. 선택의 문제는 경제 활동을 하는 모든 사람에게 일어나며, 어떤 선택을 하는지는 사람에 따라 다를 수 있어요. 우리는 가장 큰 만족을 얻을 수 있도록 합리적인 선택을 해야 해요. 잘못된 선택은 돈이나 자원을 낭비하지만, 현명한 선택은 돈과 자원을 절약하며 자신에게 만족감을 주기 때문이에요.

이런 뜻이에요

- **자원** 사람이 생활하거나 경제적인 생산을 하는 데 이용되는 노동력이나 기술.
- **한정되어** 수량이나 범위 따위가 제한되어 정해져.
- **희귀한** 드물어서 매우 귀한.
- **희소하지** 매우 드물고 적지.
- **상대적** 서로 맞서거나 비교되는 관계에 있는 것.

밑줄 친 '이것'에 해당하는 것을 이 글에서 찾아 쓰세요.

'이것'이란 인간의 욕구는 무한한 데 비하여 자원이 한정되거나 부족한 상태를 말해요.

다음 빈칸에 들어갈 알맞은 낱말을 보기 에서 골라 쓰세요.

보기

그리고 그래서 그렇지만 왜냐하면

(1) 우리가 원하는 것은 많지만, 그것들을 모두 가질 수는 없다. ________ 쓸 수 있는 돈과 시간 등의 자원이 부족하기 때문이다.

(2) 추운 지역에서는 에어컨이 많지 않다. ________ 필요로 하는 사람이 적어서 희소하지 않다.

(3) 사람은 자원이 한정되어 있어 원하는 것을 모두 가질 수 없다. ________ 현명한 선택을 해야 한다.

이 글의 내용을 잘못 이해한 친구는 누구인가요? ( )

① 민국: 깨끗한 물은 환경오염이 심해지면 희소성이 높아지겠지.
② 홍시: 무인도에서는 보석보다 빵 한 조각이 희소성이 더 높을 수 있어.
③ 연두: 할아버지께서 써 주신 가훈은 세상에 하나밖에 없으니 희소성이 높아.
④ 재하: 다이아몬드는 원하는 사람에 비해 생산이 적어 희소성이 높은 것 같아.

다음 중 '희소'의 낱말 쓰임이 어색한 문장은 무엇인가요? ( )

① 그곳은 인구 희소 지역이다.
② 이 물건은 희소하여 값이 꽤 나갈 것 같다.
③ 이 작품은 대량 생산을 할 수 있어서 희소가치가 있다.
④ 내 친구는 국내에 환자가 단 세 명밖에 없다는 희소 질병을 앓고 있다.

동영상

남극에도 냉장고가 필요할까?

남극이야기 TV
구독자 3만 명

공유 저장

대한민국 남극 과학 기지의 대원들은 1년간 먹을 식료품을 '아라온호'를 통해 ㉠ 보급 받는 경우가 대다수입니다. 이렇게 보급 받은 식료품은 기지 내 커다란 냉장고에 보관하지요. 그런데 남극에 왜 냉장고가 필요할까요? 그냥 바깥에 식료품을 보관하면 되지 않을까요?

남극에 냉장고가 필요한 까닭이 있습니다. 남극의 여름은 기온이 영상으로 올라가기 때문에 냉동과 냉장이 일정한 온도로 유지되지 않습니다. 또한 기지 밖으로 나가기 어려운 날씨일 때는 식재료를 가져오는 것도 쉽지 않지요. 남극 기지 주변에는 온갖 동물들이 있어서 안전하게 식재료를 보관하는 것도 어렵습니다. 그렇기 때문에 남극 기지에는 냉장고가 필요합니다.

이 동영상과 관련해 궁금한 점이 있다면 댓글 달아 주세요.

이런 뜻이에요

- **대다수** 거의 모두 다.
- **유지되지** 어떤 상태나 상황 등을 그대로 이어 나가게 되지.

1 이 동영상을 보고 난 뒤의 친구들의 반응이에요. 알맞게 말하지 <u>않은</u> 친구는 누구인가요? (   )

① 달재: 남극에 에어컨은 필요 없어도 냉장고는 필요하구나.

② 성우: 남극에서 냉장고는 흔하지 않기 때문에 희소성이 높은 상품이겠다.

③ 이서: 일정한 온도를 유지할 수만 있다면 바깥에 음식물을 보관하는 것도 좋을 텐데.

④ 나라: 전기를 절약하기 위해 바깥에 음식물을 보관하는 것보다 냉장고를 구입하는 것이 합리적인 선택이네.

2 이 동영상에 달릴 댓글로 알맞지 <u>않은</u> 것은 무엇인가요? (   )

① 아라온호는 1년에 몇 번 식료품을 보급하러 오나요?

② 남극 기지 주변에 있는 동물들은 어떤 종류가 있나요?

③ 남극 기지에 있는 냉장고와 냉동고의 크기는 얼마나 되나요?

④ 기온이 영상으로 올라가면 남극 빙하가 모두 녹아 버리지 않나요?

3 다음 중 ㉠과 바꾸어 쓸 수 <u>없는</u> 낱말은 무엇인가요? (   )

① 공급

② 제공

③ 배급

④ 상속

4 다음 빈칸에 들어갈 낱말을 보기 에서 골라 쓰세요.

보기

냉동 냉장 해동

(1) 고기를 __________하기 위해 냉동실에서 꺼내 놓았다.

(2) __________ 창고 안의 온도는 최소 영하 20도로 유지되기 때문에 조금만 있어도 온몸이 얼어붙는다.

4주

교과서 문해력과 실생활 문해력을
한번에 키워 보세요.

일자	오늘의 낱말	오늘의 읽을거리	스스로 평가
1일	• 상소 • 앙심 • 성행하다 • 해명하다	교과서 향가 '서동요'에 대해 알아요? 실생활 조선을 뒤흔든 가짜 뉴스	
2일	• 비속어 • 악성 • 은어 • 침해	교과서 정보화 사회가 되었어요 실생활 함께 하는 정보화 사회	
3일	• 대기 • 분변 • 징조 • 팽창하나	교과서 비가 온다고요? 실생활 속담 속에 담긴 날씨	
4일	• 유제품 • 일교차 • 주식 • 권유하다	교과서 세계 사람들의 생활 방식 실생활 식사를 합시다	
5일	• 재난 • 지각 • 지표 • 분출되다	교과서 무서운 자연재해 실생활 재난에서 살아남기	

오늘의 낱말

다음 낱말을 소리 내어 읽어 보고 뜻을 살펴보세요.

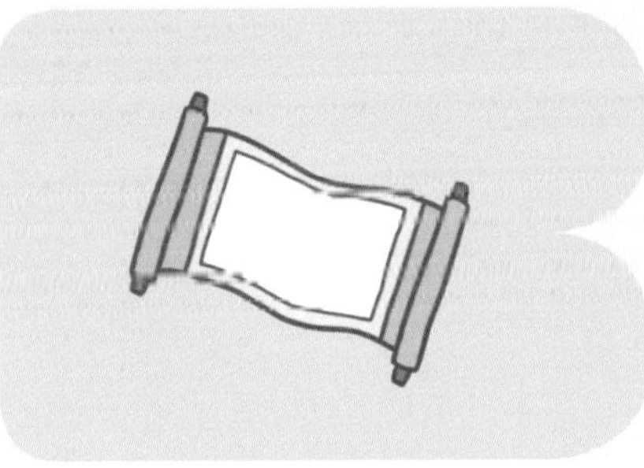

상소

어떤 사연이나 의견을 글로 적어 임금에게 올리던 일이나 그 글.

앙심

원한을 품고 복수하려고 벼르는 마음.

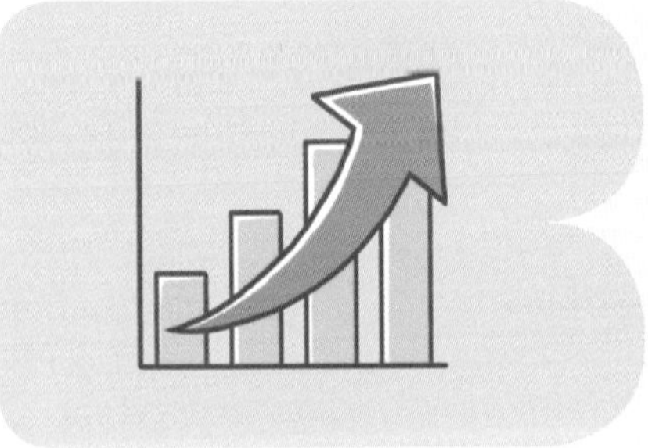

성행하다

매우 왕성하게 유행함.

해명하다

이유나 내용 등을 풀어서 밝힘.

오늘의 퀴즈

다음 예시 와 같이 문장의 밑줄 친 부분을 바르게 고쳐 쓰세요.

예시

미술 준비물을 <u>놓고</u> 와서 집으로 다시 돌아가요. [놓][고]

1 그는 단단히 <u>안심</u>을 품고 벼르고 있었다. [ ][ ]

2 대신들의 <u>산소</u>로 왕은 자신의 뜻을 거두었다. [ ][ ]

3 그녀는 나의 <u>헤면</u>에도 아랑곳하지 않고 등을 돌렸다. [ ][ ]

4 빵에 들어 있는 스티커를 모으는 것이 몹시도 <u>성앵</u>했다. [ ][ ]

미리 쌓는 배경지식

향가

- 신라 시대에 시작되어 고려 때까지 이어진 우리나라 고유의 노래예요.
- 향가는 승려나 귀족, 평민 등 다양한 사람들에 의해 쓰였어요. 그래서 민요적이거나 불교적 성격의 내용을 담고 있거나 자신의 감정을 털어놓고 사랑을 고백하는 내용도 있답니다.
- 현재 모두 25수가 전해지고 있는데, 그중 '서동요'가 가장 대표적인 작품이에요.

교과서 문해력

국어

향가 '서동요'에 대해 알아요?

1문단 향가에 대해 들어 본 적이 있나요? 향가는 삼국 시대 •말엽에 나타나서 통일 신라 시대 때 •성행하던 우리 고유의 •시가예요. 예전에는 시를 노래로 부르기도 했기 때문에 작품 이름에 '노래 가(歌)' 또는 '노래 요(謠)'를 붙였어요.

2문단 향가 중에 '서동요'라는 노래가 있어요. 신라 진평왕 때 백제 사람인 서동이 지은 노래로, 지금까지 전해지는 향가 중에 가장 오래된 작품이에요. 당시에 아이들이 불렀기 때문에 동요의 형식을 갖고 있어요. 『삼국유사』라는 역사책에 '서동요'가 지어진 배경이 전해지고 있답니다.

3문단 백제의 서동은 어느 날 신라 진평왕의 셋째 딸인 선화 공주가 무척 아름답다는 소문을 들었어요. 서동은 선화 공주를 자신의 아내로 •삼고 싶었어요. 하지만 마를 캐며 살아가는, 가난한 서동에게는 감히 꿈도 꾸지 못할 일이었어요. 서동은 신라에 가서 마을의 여러 아이들을 모아 놓고 마를 먹이면서 자신이 직접 지은 노래를 가르쳐 따라 부르게 했어요. 선화 공주와 인연을 맺기 위해 일부러 노래를 퍼뜨리려고 한 거예요.

"선화 공주님은 남몰래 서동을 사귀고 밤에 안고 간다."

4문단 아이들은 서동에게 배운 대로 신나게 노래를 부르고 다녔고, 이 노래는 신라에 다 퍼지게 되었어요. 결국 진평왕의 귀에까지 들어갔지요. 선화 공주가 사실이 아니라고 •해명했지만 진평왕은 소문이 난 데는 다 그 까닭이 있다며 그녀를 궁궐 밖으로 쫓아냈어요. 서동은 슬퍼하는 선화 공주 앞에 나타나 그녀를 위로해 주었어요. 그러자 선화 공주도 서동에게 마음을 열고 그녀를 남편으로 받아들였어요. 훗날 서동은 백제로 가서 왕이 되었답니다.

이런 뜻이에요

- **말엽** 어떠한 시대를 처음 · 가운데 · 끝의 셋으로 나눌 때 그 마지막 부분을 이르는 말.
- **성행하던** 매우 왕성하게 유행하던.
- **시가** 시와 노래를 아울러 이르는 말.
- **삼고** 어떤 대상과 인연을 맺어 자기와 관계있는 사람으로 만들고.
- **해명했지만** 이유나 내용 등을 풀어서 밝혔지만.

이 글의 중심 낱말에 ○표 하세요.

백제	향가	서동요

이 글을 통해 알 수 있는 '서동요'의 내용으로 맞으면 ○표, 틀리면 ×표 하세요.

(1) 서동요를 지은 사람 (　　)

(2) 서동요를 지은 목적 (　　)

(3) 서동요를 주로 부른 사람 (　　)

'서동요'의 내용과 관련 있는 속담을 줄로 이으세요.

서동에게 선화 공주와의 결혼은 감히 꿈도 꾸지 못할 일이었다. •	• 발 없는 말이 천 리 간다
아이들이 부른 노래가 신라에 다 퍼졌다. •	• 아니 땐 굴뚝에 연기 날까
진평왕은 소문에는 다 그 까닭이 있다고 생각했다. •	• 오르지 못할 나무는 쳐다보지도 마라

다음은 이 글을 읽고 친구들이 보인 반응이에요. 알맞지 않은 것은 무엇인가요? (　　)

① 참별: 서동은 참 낭만적이다. 자기가 좋아하는 사람과 결국 결혼을 했잖아.

② 서희: 하지만 선화 공주는 자기가 실제로 한 일도 아닌데 누명을 썼으니 억울할 것 같아.

③ 해윤: 그렇지만 소문을 그대로 믿은 진평왕의 잘못이야. 소문이 사실인지 정확하게 확인했어야지.

④ 민지: 거짓말인 줄 알면서도 일부러 소문을 내고 다닌 아이들이 가장 큰 잘못을 한 것이 아니겠어?

신문 기사

조선을 뒤흔든 가짜 뉴스

훈구일보

구독하기 | 이용자 한마디

고려청자 조선백자 대량 판매! 한성 운종가 태백점

조광조 •역심 발각

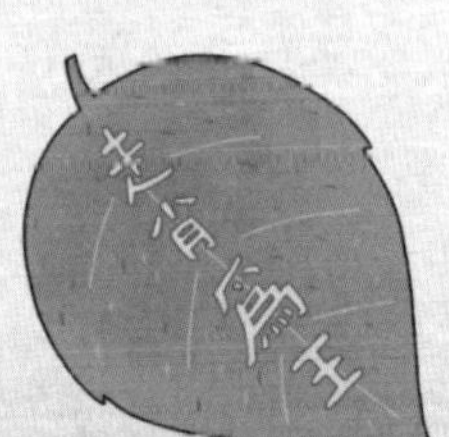

최근 궁궐에서 글사 보양으로 벌레가 갉아 먹은 나뭇잎이 발견되었습니다. 나뭇잎에 쓰인 글자는 '주초위왕'으로, '주(走)'와 '초(肖)'를 합치면 '조(趙)'라는 글자가 됩니다. 이는 조 씨가 왕이 된다는 뜻으로 해석되어 조광조가 역심을 품고 있다는 증거라고 보는 사람들이 많습니다.

이 사건을 계기로 •훈구파 신하들은 조광조를 치벌해야 한다는 •상소를 올렸습니다. •사림파인 조광조와 그 무리들이 주요 관직을 차지하고 앉아 나라를 망치고 있다는 내용입니다.

중종 임금은 이에 따라 조광조를 포함해 많은 사림파 신하들을 관직에서 물러나게 하고 •귀양을 보냈습니다.

역심을 품었다고 의심 받은 조광조는 결국 귀양지에서 사약을 받고 사망했습니다.

– 김훈구 기자 –

사림신문

구독하기 | 이용자 한마디

성균관 합격 보장! 수석 합격 다수 배출! 정암학원

조광조 가짜 뉴스에 희생

얼마 전 세상을 떠들썩하게 했던 '주초위왕' 사건은 사실 훈구파에 의한 조작이라는 이야기가 퍼지고 있습니다. 훈구파는 지금의 조선을 만들기 위해 공을 세운 공신들입니다. 조광조는 공신들의 수가 너무 많다며 줄여야 한다고 주장했고, 그 수를 획기적으로 줄였습니다. 그리하여 훈구파는 조광조를 •눈엣가시로 보고 있었습니다.

조광조는 마음이 꼿꼿하고 바른 성품이라 조정에 적이 많았습니다. 이에 훈구파는 •앙심을 품고 조광조를 없앨 계획을 세운 것으로 보입니다. 나뭇잎에 꿀로 '주초위왕'이라는 글씨를 써서 벌레들이 그 모양대로 파먹게 한 것입니다. 물론 이것도 소문이라 증거는 없지만 말입니다.

조광조는 백성이 중심이 되는 개혁 정책을 펴고자 했던 사람이었습니다. 안타깝습니다.

– 박사림 기자 –

이런 뜻이에요

- **역심** 반역을 꾀하는 마음.
- **훈구파** 조선 건국 또는 조선 초기의 각종 사건에서 공을 세워 높은 벼슬을 해 오던 관료층.
- **상소** 어떤 사연이나 의견을 글로 적어 임금에게 올리던 일이나 그 글.
- **사림파** 훈구파를 비판했던 무리. 성리학을 바탕으로 정치를 주도함.
- **귀양** 옛날에 죄인을 먼 시골이나 섬 등으로 보내 일정 기간 동안 제한된 지역 안에만 살게 하던 형벌.
- **눈엣가시** 몹시 미워 보기가 싫은 사람.
- **앙심** 원한을 품고 복수하려고 벼르는 마음.

1 훈구파에 대한 설명에는 '훈', 사림파에 대한 설명에는 '사'라고 쓰세요.

(1) 조광조를 눈엣가시로 생각하고 있었다. (　　)
(2) 조광조를 처벌해야 한다는 상소를 올렸다. (　　)
(3) 백성이 중심이 되는 개혁 정책을 펴고자 했다. (　　)

2 조광조가 훈구파에게 미움을 받은 까닭은 무엇인가요? (　　)

① 왕이 되려고 해서
② 공신들의 수를 줄여서
③ '주초위왕' 사건을 벌여서
④ 사림파 신하들을 귀양 보내서

3 다음 빈칸에 들어갈 이어 주는 말을 보기 에서 골라 쓰세요.

보기

그래서　　그러나　　그리고

훈구파는 당시에 조선 시대에서 공을 많이 세운 사람들이었어요. (㉠) 조광조는 그 공신의 수가 너무 많다고 주장했어요. (㉡) 공신들의 수를 절반 이하로 줄였어요. 이러한 조광조의 행동이 훈구파는 못마땅해하며 앙심을 품었어요. (㉢) 훈구파는 조광조를 없앨 계획을 세웠어요.

• ㉠ ________ ㉡ ________ ㉢ ________

4 '주초위왕' 사건과 같은 가짜 뉴스에 속지 않는 방법으로 알맞은 것은 무엇인가요? (　　)

① 인터넷에 실려 있는지 확인한다.
② 친한 친구가 말한 것인지 확인한다.
③ 참고 자료의 출처가 분명한지 확인한다.
④ 다른 사람들이 어떻게 말하는지 확인한다.

다음 낱말을 소리 내어 읽어 보고 뜻을 살펴보세요.

비속어

격이 낮고 속된 말.

악성

나쁘고 악한 성질.

은어

특정 계층에서 남이 모르게 자기들끼리만 알도록 쓰는 말.

침해

남의 권리, 정보, 재산, 신분 등을 침범하여 해를 끼침.

굵게 표시된 6개의 낱말 중 오늘 배운 4개의 낱말에 ◯표 하세요.

우리는 매일같이 인터넷을 사용해요. 하지만 인터넷 언어에는 **은어**나 **비속어**가 많아요. 또한, **악성** 댓글과 같이 다른 사람의 **인격**을 심각하게 **침해**하는 글들도 있어요. 우리가 사용하는 언어가 우리의 **품격**을 나타낸다는 것을 잊지 말고, 올바른 인터넷 언어를 사용하도록 해요.

4주
2일

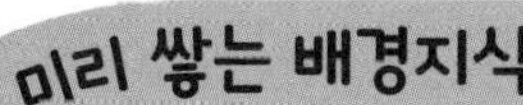

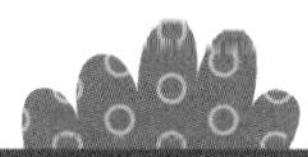

스마트폰

- 스마트폰은 생활 속에서 많이 이용되는 의사소통 수단 중 하나예요.
- 스마트폰에 과도하게 의존하는 대상자를 스마트폰 위험군이라고 하는데, 이는 청소년층에 높게 나타나요. 각 기관에서는 다양한 교육과 캠페인을 통해 과도한 스마트폰 사용을 줄이기 위한 노력을 하고 있어요.

사회

정보화 사회가 되었어요

1문단 오늘날 우리가 살아가는 사회를 일컬어 정보화 사회라고 해요. 정보화란 지식과 자료 등의 정보가 중심이 되어 사회나 경제의 변화를 이끄는 것을 말해요. 정보화 사회에서는 정보와 지식을 만들고 분석하고 활용하는 능력을 중시해요. 정보 통신 기술이 발달하면서 사람들은 인터넷이나 스마트폰 등을 이용하여 정보와 지식을 쉽고 빠르게 얻고 활용하게 되었어요.

2문단 정보화의 발달로 우리 생활은 편리해졌어요. 학교에 가기 전 오늘 우산이 필요할지 날씨를 검색해요. 인터넷을 이용하여 숙제도 하고 자료도 찾아요. 게임도 하고 좋아하는 가수의 동영상도 봐요. 멀리 사시는 할머니와 영상 통화도 할 수 있어요. 시장에 가지 않아도 물건을 구입할 수 있고, 실시간 교통 정보 덕분에 조금 더 빠른 길로 갈 수 있어요. 이처럼 생활 속의 다양한 분야에서 정보화가 이루어지고 있어요.

3문단 하지만 정보화 때문에 여러 가지 문제가 발생하고, 어려움을 겪는 사람들이 생겨나기도 해요. 인터넷, 스마트폰에 지나치게 •의존하면 일상생활에서 문제가 생겨요. 자기도 모르게 인터넷 공간에서 개인 정보가 다른 사람에게 공개되어 피해를 받게 돼요. 다른 사람이 만든 자료를 허락 없이 내려받아 마구 퍼뜨리는 사람 때문에 •저작권이 •침해되기도 해요. 인터넷 기사에 달린 •악성 댓글과 거짓 소문 때문에 힘들어하는 사람들도 생겨요.

4문단 따라서 정보를 찾을 때 바른 정보를 선택하여 활용하는 지혜가 필요해요. 인터넷 게임에 중독되지 않게 적절히 전자 기기를 사용하는 노력을 해야 해요. 또한 개인 정보는 범죄에 •악용되기도 하므로 •유출되지 않도록 주의하고 인터넷상에서도 예의를 지키며 소통해야 한답니다.

이런 뜻이에요

- **의존하면** 다른 것에 기대어 생활하거나 존재하면.
- **저작권** 창작물에 대해 저작자와 그 권리를 이어받은 사람이 가지는 권리.
- **침해** 남의 권리, 정보, 재산, 신분 등을 침범하여 해를 끼침.
- **악성** 나쁘고 악한 성질.
- **악용** 알맞지 않게 쓰거나 나쁜 일에 씀.
- **유출되지** 밖으로 흘러 나가거나 흘려 내보내지.

이 글의 내용으로 맞으면 ○표, 틀리면 ×표 하세요.

(1) 정보화 사회는 일상생활 속 다양한 분야에 영향을 미친다. (　　)

(2) 인터넷, 스마트폰을 사용하면 여러 가지 문제가 반드시 발생한다. (　　)

(3) 정보 통신 기술이 발달하면서 모든 사람이 어려움 없이 정보와 지식을 누리게 되었다. (　　)

정보화의 발달에 따라 달라진 삶의 모습으로 알맞지 않은 것은 무엇인가요? (　　)

① 인터넷에서 장난감을 구매한다.
② 스마트폰으로 기차표를 예매한다.
③ 주말 날씨를 스마트폰으로 확인한다.
④ 해외에 사는 친구와 편지를 주고받는다.

정보화로 인해 생긴 문제를 해결하는 방법으로 알맞지 않은 것은 무엇인가요? (　　)

① 시간을 정해 놓고 게임을 한다.
② 자료를 수집할 때 믿을 만한 정보인지 확인한다.
③ 다른 사람들이 만든 자료는 절대 활용하지 않는다.
④ 모두가 볼 수 있는 누리집에 이름, 전화 번호 등 개인 정보를 올리지 않는다.

다음을 참고할 때, 밑줄 친 '유출'의 뜻이 알맞지 않은 문장은 무엇인가요? (　　)

> **유출** 「1」 밖으로 흘러 나가거나 흘려 내보냄.
> 「2」 귀중한 물품이나 정보 따위가 불법적으로 나라나 조직의 밖으로 나가 버림. 또는 그것을 내보냄.

① 산업 폐수가 강에 유출되다.
② 시험 문제의 사전 유출을 막다.
③ 해외 인력의 국내 유출이 늘어나고 있다.
④ 국내 자본의 해외 유출을 막기 위하여 대책을 세웠다.

블로그 게시 글

함께 하는 정보화 사회

내 블로그 | 이웃 블로그 | 블로그 홈 ▼

바른 댓글 협회

올바른 인터넷 문화를 위해 노력하는 중입니다.

+ 이웃 추가

목록 ▼

- 협회 소식 알림
- 스마트폰 보급 사업
- 건강한 인터넷 세상 만들기 캠페인

안녕하세요. 오늘은 저희가 실시하고 있는 두 가지 사업을 소개해 드리려고 해요.

첫째는 '맞춤형 스마트폰 보급 사업'이에요. 최근 스마트폰의 보급으로 지구촌 곳곳에서 막힘없이 소통을 할 수 있게 되었어요. 하지만 아직 우리 사회에는 디지털 약자들이 있다는 사실을 알고 계신가요? 디지털 약자란 시각 장애인, 노인 등 디지털 기기 사용에 어려움을 겪는 대상자를 말해요. 저희는 그들에게 스마트폰을 저렴하게 •보급하고 교육 등을 실시하면서 디지털 약자를 줄이는 노력을 하고 있어요. 누구나 소외감 없이 디지털 생활을 즐길 수 있는 환경을 만드는 것이 저희의 목표랍니다.

둘째는 'SNS 언어 순화 프로젝트'예요. 우리는 너무도 쉽게 SNS에서 •비속어, •은어, •막말, 욕설 등을 사용하곤 해요. 저희는 SNS 언어 순화 동영상을 •주기적으로 제작하여 게시하고 있어요. SNS에서의 대화 예절은 당신의 인격이랍니다. 친구들에게 무심코 메시지를 보내기 전 명심하세요. ㉠ 가는 톡이 고와야 오는 톡이 곱다는 사실! 잊지 마시길 바라요.

이런 뜻이에요

- **보급하고** 어떤 것을 널리 퍼뜨려 여러 곳에 미치게 하거나 여러 사람이 누리게 하고.
- **비속어** 격이 낮고 속된 말.
- **은어** 특정 계층에서 남이 모르게 자기들끼리만 알도록 쓰는 말.
- **막말** 말조심을 하지 않고 입에서 나오는 대로 함부로 하는 말.
- **주기적** 일정한 간격을 두고 되풀이하여 진행하거나 나타나는 것.

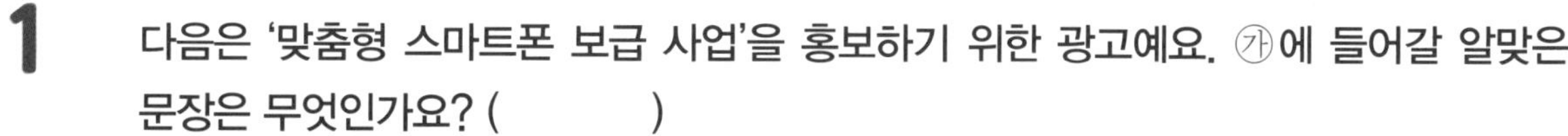

1

다음은 '맞춤형 스마트폰 보급 사업'을 홍보하기 위한 광고예요. ㉮에 들어갈 알맞은 문장은 무엇인가요? (　　　)

① 세계로 향하는 문이지만, 누군가에게는 벽입니다.
② 가장 빠른 스마트폰이 가장 좋은 스마트폰입니다.
③ 스마트폰에는 좋은 점도 있지만 나쁜 점도 있습니다.
④ 당신을 위한 단 하나의 스마트폰이 기다리고 있습니다.

2

이 글을 통해 알 수 있는 디지털 약자에 해당하는 사람에 ○표 하세요.

(1) 식당에서 무인 단말기로 주문하지 못하는 할아버지 (　　　)
(2) 눈이 보이지 않아 일반 전자 기기를 사용하지 못하는 혜리 (　　　)
(3) 딸이 사준 스마트폰을 이용해 인터넷 동호회에 가입한 옥순 (　　　)

3

㉠을 통해 떠오르는 속담을 쓰세요.

4

이 블로그 게시 글을 읽고 난 뒤에 달린 댓글로 알맞지 않은 것은 무엇인가요? (　　　)

① 전 세계 친구들과 소통하기 위해 외국어 공부를 열심히 해야겠어요.
② 인터넷상에서 댓글을 달 때 예의를 지키고 조금 더 책임감 있는 태도를 가져야겠어요.
③ 친구에게 메신저로 이야기할 때 내가 쓰는 말이 비속어나 욕설은 아닌지 살펴야겠어요.
④ 할아버지께서 스마트폰 사용법을 물어 보시면 무뚝뚝하게 대답했는데, 친절하게 알려 드려야겠어요.

오늘의 낱말

다음 낱말을 소리 내어 읽어 보고 뜻을 살펴보세요.

대기

지구를 둘러싸고 있는 모든 공기.

봉변

뜻밖의 사고나 망신스러운 일을 당함. 또는 그 사고나 일.

징조

어떤 일이 생길 것 같은 분위기나 느낌.

팽창하다

부풀어서 크기가 커짐.

오늘의 퀴즈

다음 낱말 퍼즐에서 오늘 배운 4개의 낱말을 찾아 ○표로 묶으세요.

대	파	미	팽	이
기	압	명	창	오
선	신	령	하	징
장	선	소	다	소
아	봉	변	감	류

미리 쌓는 배경지식

비

- 공기 중의 물방울들이 하늘로 올라가 구름이 되었다가, 구름에 모인 물방울들이 무거워지면 비가 되어 내려요.
- 땅에 떨어진 비는 땅속으로 흡수되거나, 개울과 강 그리고 바다까지 흘러가게 돼요.

과학

비가 온다고요?

1문단 아침에 일어나 보니 할머니께서 소파에 앉아 어깨를 두드리고 계셨다. 어깨가 아프신 건가 싶어서 "할머니, 어깨 주물러 드릴까요?" 했더니 할머니께서는 "괜찮다. 곧 비가 오려나 보다."라고 말씀하셨다. 햇빛이 이렇게 쨍쨍한데 왜 비가 온다고 생각하시는 거지? 생각하며 고개를 갸웃거리자 할머니께서 나를 보고 픽 웃으시며 말씀하셨다.

"비가 오는 날 •대기의 •기압이 낮아지면 우리 몸속의 뼈 안의 압력이 높아지면서 뼈 주변이 •팽창하게 되지. 그러다 보면 신경을 •자극해서 통증이 심해진단다."

2문단 와, 이런 방법으로 비가 내릴 것이라고 예측한다니 할머니가 꼭 마법사처럼 느껴졌다. 비가 오는 걸 알 수 있는 다른 방법은 없는 걸까? 궁금해서 할머니께 여쭈어보니 비 오는 날에 관련된 속담 이야기를 해 주셨다.

"옛말에 '물고기가 물 위에 입을 내놓고 •호흡하면 비가 내린다'라는 속담이 있단다. 아까 할머니가 말한 대로 공기 중의 기압이 낮아지면 물속의 •산소가 줄어들거든. 그래서 산소가 부족한 물고기들이 물 위로 올라와 숨을 쉬지. 물 위에 물고기들이 올라와 호흡하고 내려가는 모습을 자주 보이면 비가 올 수 있어."

3문단 "이외에도 '제비가 땅 가까이 날면 비가 내린다'라는 속담도 과학적인 이유에서 나왔단다. 새나 날개가 있는 곤충들이 대기의 •습도가 높아 날개가 무거워지면서 평소보다 낮게 나는 걸 보고 비가 온다고 추측할 수 있지."

할머니의 말씀을 듣고 나니 나도 이제는 비 오는 날을 예측해 볼 수 있을 것 같았다. 오늘은 할머니 말씀대로 정말 비가 오는지 기다려 봐야겠다.

이런 뜻이에요

- **대기** 지구를 둘러싸고 있는 모든 공기.
- **기압** 공기의 무게로 인해서 생기는 압력.
- **팽창하게** 부풀어서 크기가 커지게.
- **자극해서** 외부에서 몸에 작용을 주어 어떠한 반응을 일으키게 해서.
- **호흡하면** 생물이 산소를 흡수하고 이산화 탄소를 몸 밖으로 내보내면.
- **산소** 사람이 숨을 쉬는 데 없어서는 안 될, 공기 속에 많이 들어 있는 물질.
- **습도** 공기 중에 수증기가 포함된 정도.

1 이 글의 중심 내용이 무엇인지 빈칸에 알맞은 낱말을 쓰세요.

• 비와 관련된 □□

2 비 오는 날 대기의 흐름에 따른 신체의 변화를 순서대로 골라 빈칸에 기호를 쓰세요.

(가) 기압이 낮아진다.
(나) 통증이 심해진다.
(다) 신경을 자극한다.
(라) 뼈 주변이 팽창한다.
(마) 뼈 안의 압력이 높아진다.

• ((가)) → ( ) → ( ) → ( ) → ( )

3 이 글의 내용으로 알 수 있는 것은 무엇인가요? ( )

① 비가 오면 공기 중의 기압이 높아진다.
② 새들의 비행을 통해 대기의 습도를 추측할 수 있다.
③ 날개가 있는 곤충들이 평소보다 낮게 날면 날이 맑아진다.
④ 물고기는 물속의 산소가 부족해지면 깊은 바닷속으로 잠수한다.

4 이 글과 보기 를 읽고 난 뒤의 반응으로 알맞지 않은 것은 무엇인가요? ( )

보기

조선 시대의 과학자 장영실은 세종 대왕의 명을 받고 비가 온 양을 알 수 있는 측우기를 발명했다. 한 해 한 해 비가 오는 양을 측정하여 기록하면서 여러 해의 강우량을 비교하여 올해의 강우량이 어느 정도일지 예측하고 마침내 농사지을 시기를 결정할 수 있었다.

① 농사짓는 것은 강우량의 영향을 많이 받을 거야.
② 세종 대왕은 백성들이 농사짓는 것에 대해 관심이 많았을 거야.
③ 알맞은 시기에 농사짓기 위해 조상들은 많은 노력을 기울였을 거야.
④ 조상들은 측우기가 아니면 강우량을 알 수 없어 비가 오는 것에 관심을 두지 않았을 거야.

국어사전

속담 속에 담긴 날씨

가랑비에 옷 젖는 줄 모른다

가늘게 내리는 비는 조금씩 젖어 들기 때문에 여간해서는 옷이 젖는 줄을 깨닫지 못한다는 뜻으로, 아무리 사소한 것이라도 그것이 거듭되면 무시하지 못할 정도로 크게 됨을 비유적으로 이르는 말.

가뭄에 콩 나듯 한다

가뭄에 심은 콩이 제대로 싹이 트지 못하고 ㉠<u>드문드문</u> 나듯이 어떤 일이나 물건이 드문드문 있음을 비유적으로 이르는 말.

마른하늘에 날벼락

뜻하지 아니한 상황에서 뜻밖에 입는 불행한 일을 이르는 말.

번개가 잦으면 천둥을 한다

어떤 일의 •징조가 •잦으면 반드시 그 일이 생기기 마련임을 비유적으로 이르는 말. 또는 나쁜 일이 잦으면 결국에는 큰 •봉변을 보게 됨을 비유적으로 이르는 말.

장마 때 홍수 밀려오듯

무엇이 갑자기 불어나 밀려오는 경우를 비유적으로 이르는 말.

이런 뜻이에요

- **징조** 어떤 일이 생길 것 같은 분위기나 느낌.
- **잦으면** 잇따라 자주 있으면.
- **봉변** 뜻밖의 사고나 망신스러운 일을 당함. 또는 그 사고나 일.

1 이 사전에 수록된 속담과 관련된 날씨에 ○표 하세요.

① 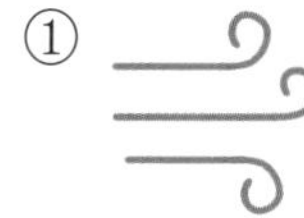　② 　③ 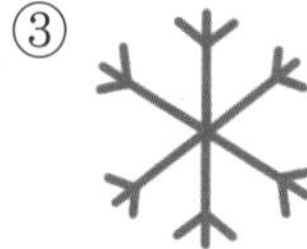

2 이 사전을 읽고 날씨와 관련된 속담을 알맞게 말하지 <u>못한</u> 친구는 누구인가요?

(　　　)

① 성임: 장마 때 홍수 밀려오듯 손님이 들이닥치니 감당이 안 되네.
② 경민: 가뭄에 콩 나듯 물건이 재입고되니 긴장의 끈을 놓을 수 없어.
③ 해련: 다음 주에 있을 시험을 마른하늘에 날벼락으로 공부하려니 정신이 하나도 없어.
④ 지현: 가랑비에 옷 젖는 줄 모른다더니, 어느새 그 사람이 내 마음속에 들어왔지 뭐야.

3 다음 속담과 비슷한 뜻을 가진 속담은 무엇인가요? (　　　)

번개가 잦으면 천둥을 한다

① 방귀가 잦으면 똥 싸기 쉽다
② 모기도 모이면 천둥소리 난다
③ 바늘구멍으로 황소바람 들어온다
④ 낙숫물은 떨어지던 데 또 떨어진다

4 다음 (　　) 안에 들어갈 알맞은 말을 골라 ○표 하여 ㉠의 뜻을 완성해 보세요.

'드문드문'은 '(**시간적으로 / 공간적으로**) 가까이 있지 않고 사이가 드문 모양.'을 뜻하는 말이다.

4주 3일

4주 4일

오늘의 낱말

다음 낱말을 소리 내어 읽어 보고 뜻을 살펴보세요.

유제품

버터, 치즈와 같이 우유를 가공하여 만든 식품.

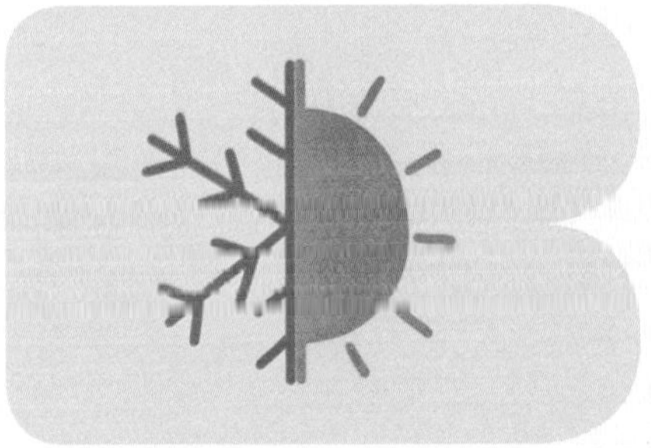

일교차

기온, 습도, 기압 등이 하루 동안에 변하는 차이.

주식

밥이나 빵과 같이 끼니에 주로 먹는 음식.

권유하다

어떤 일을 하라고 권함.

오늘의 퀴즈

빈칸에 들어갈 알맞은 낱말을 보기 에서 골라 쓰세요.

보기

유제품　　일교차　　주식　　권유

1 나는 친구의 ☐☐로 서예를 배우게 되었다.

2 그는 건강을 위하여 현미밥과 잡곡밥을 ☐☐으로 삼고 있다.

3 요즘은 아침저녁으로 ☐☐☐가 심하니까 감기를 조심해야 한다.

4 아이들의 간식으로는 영양분이 많은 치즈 등의 ☐☐☐이 좋습니다.

4주
4일

미리 쌓는 배경지식

기후

- 세계의 여러 나라의 문화는 비, 눈, 바람 등 기후의 영향을 많이 받아요.
- 일정한 지역에서 여러 해에 걸쳐 나타나는 평균적인 날씨에 따라 열대 기후, 건조 기후, 온대 기후, 냉대 기후, 한대 기후로 나눌 수 있어요.
- 기후에 따라 주로 재배되는 농산물이 다르고 저장 방법도 달라져서 요리 방법도 차이가 나요.

교과서 문해력

사회

세계 사람들의 생활 방식

1문단 특정 지역이나 집단이 지닌 공통의 생활 방식을 문화라고 해요. 문화는 사람들이 주위 환경에 적응하고 이를 이용하는 과정에서 만들어 낸 것이기 때문에 지역의 환경적 특징에 따라 그 모습이 다양하게 나타나요.

2문단 의복 문화는 각 지역마다 환경의 영향을 받아요. 추운 지역에서는 보온성이 뛰어난 동물의 가죽이나 털로 옷을 만들어 입어요. •일교차가 크고 햇볕이 뜨거운 사막에서는 얇은 천으로 만든 옷으로 몸 전체를 둘러싸요.

3문단 음식 문화 역시 기후의 영향을 많이 받아요. 그 지역에서 잘 자라는 농작물을 이용한 음식을 많이 먹기 때문이에요. 벼는 기온이 높고 강수량이 많은 지역에서 잘 자라요. 그래서 여름철이 무덥고 강수량이 많은 아시아 지역은 쌀을 •주식으로 하는 음식 문화가 (㉠). •밀은 벼에 비해 가뭄과 추위에 강해 재배 지역이 넓어서 유럽과 북아메리카, 오세아니아 지역에서 많이 재배해요. 이 지역은 밀로 만든 빵을 먹는 음식 문화가 나타났지요. 고산 지대인 아프리카 동부, 멕시코, 안데스 산지 지역은 감자와 옥수수를 주식으로 해요. 또 건조 지역에서는 밀과 •유제품을 많이 먹어요.

4문단 주거 문화는 기후 및 •식생과 관련이 있어요. 주변에서 구하기 쉬운 재료로 집을 짓기 때문이에요. 그래서 북극 지역에서는 눈이나 얼음을 블록으로 잘라 원형 모양으로 쌓아 이글루를 만들어 생활하였고, 몽골, 중앙아시아, 사하라 사막 주변처럼 건조하고 •유목 생활을 하는 지역에서는 이동이 편한 천막집을 지어 생활하였어요. 핀란드, 캐나다 등과 같이 겨울에 춥고 눈도 많아 •침엽수림이 발달한 지역에서는 통나무집을 지어 생활한답니다.

이런 뜻이에요

- **일교차** 기온, 습도, 기압 등이 하루 동안에 바뀌는 차이.
- **주식** 밥이나 빵과 같이 끼니에 주로 먹는 음식.
- **밀** 생김새가 벼와 비슷하며, 열매로 가루를 내어 빵, 과자, 국수 등을 만드는 식물.
- **유제품** 버터, 치즈와 같이 우유를 가공하여 만든 식품.
- **식생** 어떤 일정한 장소에서 모여 사는 특유한 식물의 집단.
- **유목** 소나 양과 같은 가축이 먹을 물과 풀밭을 찾아 옮겨 다니면서 사는 삶.
- **침엽수림** 잎이 바늘처럼 가늘고 길며 끝이 뾰족한 나무로 이루어진 숲.

1 지역에 따라 생활 방식이 다양하게 나타나는 까닭은 무엇인가요? (   )

① 지역마다 환경과 기후가 다르기 때문에
② 다른 문화에 대한 편견을 가지고 있기 때문에
③ 인류에 공통적으로 내려오는 생활 방식이 있기 때문에
④ 교통과 통신의 발달로 지역 간 교류가 활발해졌기 때문에

2 지역의 특징과 문화를 알맞게 줄로 이으세요.

지역의 특징	문화
기온이 낮고 추운 지역 •	• 이동이 편한 천막집의 주거 문화
건조하며 유목 생활을 하는 지역 •	• 보온성을 중시하는 의복 문화
기온이 높고 강수량이 많은 지역 •	• 쌀을 주식으로 하는 음식 문화

3 다음 일기의 내용으로 볼 때, 일기를 쓴 사람이 사는 곳은 어디인가요?

오늘은 정말 끔찍한 날이다. 집 한쪽이 무너져 있는 걸 발견했기 때문이다! 우리 집은 다른 이웃들의 집처럼 겨울에도 추위를 견딜 수 있도록 통나무로 만든 튼튼한 집이 아니어서 그런 것 같다. 이웃의 티모가 집을 수리하는 것을 도와준다고 했지만, 내 생각에는 완전히 새로 지어야 할 것 같다.

몽골	멕시코	핀란드

4 다음 중 ㉠에 들어갈 알맞은 말은 무엇인가요? (   )

① 발달받았어요　② 발달하였어요
③ 발달할 계획이에요　④ 발달하지 않았어요

카드 뉴스

식사를 합시다

한국

윗사람이 수저를 든 다음에 아랫사람이 수저를 들어요.

미국

냅킨을 무릎 위에 올려 두고 식사하고, 식사를 마치면 식탁 위에 냅킨을 접어 올려 두어요.

인도

식사하기 전에 손을 깨끗이 씻고 오른손으로 음식을 집어서 먹어요.

사우디아라비아

바닥에 앉아 맨손으로 음식을 먹어요. 상대방이 •권유하는 음식은 거절하지 않는 것이 좋아요.

중국

준비된 음식이 모자라지 않다는 것을 보여 주기 위해 음식을 조금 남기는 것이 좋아요.

일본

한 손에 밥그릇을 들고 젓가락으로 식사해요. 또한 젓가락을 밥그릇 위에 올리는 것은 실례예요.

이런 뜻이에요

- **권유하는** 어떤 일을 하라고 권하는.

1 이 카드 뉴스를 만든 목적은 무엇인가요? (　　　)

① 각 나라의 대표 음식을 소개하려고
② 각 나라의 특이한 식재료를 소개하려고
③ 각 나라의 식사 예절을 지키도록 하려고
④ 각 나라의 전통 요리 방법을 안내하려고

2 다음은 어느 나라의 식사 예절과 관련이 있는지 나라 이름을 쓰세요.

⑴ 어른보다 먼저 수저를 들어 음식을 먹지 않는다. ________
⑵ 밥그릇을 손에 들고 젓가락을 이용해서 음식을 먹는다. ________

3 이 카드 뉴스를 읽고 친구들이 나눈 이야기예요. 이에 대한 설명으로 알맞지 않은 것은 무엇인가요? (　　　)

해경: 인도나 사우디아라비아의 식사 예절은 비위생적이야.
주현: 손으로 먹는 것 때문에 그래? 하지만 우리나라도 상추쌈을 먹을 때는 손으로 먹잖아. 일본도 초밥은 손으로 먹는 게 더 편하다고 들었어.
해경: 그렇구나. 손으로 먹기에 더 편한 음식들이 있구나. 아마 인도나 사우디아라비아 음식 중에는 손으로 먹기에 좋은 음식들이 많은가 보다.

① 대화를 통해 생각의 변화가 생겼다.
② 다른 나라 음식 문화를 이해하게 되었다.
③ 자신의 생각이 편견이었음을 깨닫게 되었다.
④ 우리나라 음식 문화의 우수함을 알게 되었다.

4 다음 선생님의 설명을 읽고 알맞게 말하지 않은 친구는 누구인가요? (　　　)

선생님: '맨손'과 같이 '맨-'은 낱말 앞에 붙어서 '다른 것이 없는'의 뜻을 더해 주는 말이에요.

① 가람: '맨날'은 '아무것도 아닌 날.'을 뜻해.
② 나리: '맨입'은 '아무것도 먹지 않은 입.'을 뜻해.
③ 다솜: '맨발'은 '아무것도 신지 않은 발.'을 뜻해.
④ 라나: '맨주먹'은 '아무것도 가지지 않은 빈주먹.'을 뜻해.

4주

5일

오늘의 낱말

다음 낱말을 소리 내어 읽어 보고 뜻을 살펴보세요.

새난

뜻밖에 일어난 재앙과 고난.

지각

지구의 바깥쪽을 차지하는 부분.

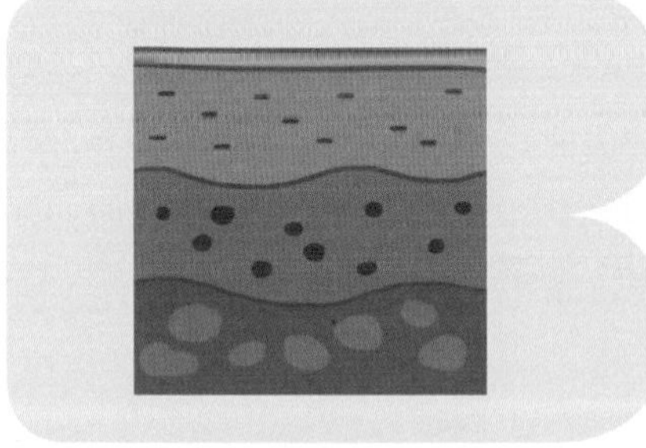

지표

지구나 땅의 겉면.

분출되다

액체나 기체 상태의 물질이 솟구쳐서 뿜어져 나옴.

오늘의 퀴즈

다음 낱말과 뜻을 알맞게 줄로 이으세요.

낱말	뜻
분출되다 •	• 뜻밖에 일어난 재앙과 고난.
지각 •	• 지구의 바깥쪽을 차지하는 부분.
지표 •	• 지구나 땅의 겉면.
재난 •	• 액체나 기체 상태의 물질이 솟구쳐서 뿜어져 나옴.

미리 쌓는 배경지식

자연재해

- 바람, 구름, 비, 눈, 더위와 추위 등으로 인한 재해로는 태풍, 수해, 가뭄, 폭염, 한파 등이 있어요.
- 지구 내부의 원인 때문에 생기는 재해로는 화산 폭발, 지진, 산사태 등이 있어요.
- 기타 재해로는 병충해, 전염병 등이 있어요.

교과서 문해력

과학

무서운 자연재해

1문단 자연재해는 피해갈 수 없는 자연 현상으로 인해 발생하는 피해를 말하는 것으로, 인간에 의하여 일어나는 인재와 크게 구별돼요. 자연재해 중에서 •지각 변동으로 인해 발생하는 것으로는 화산 폭발과 지진 등이 있어요. 화산 폭발과 지진이 왜 일어나는지 살펴보도록 해요.

2문단 땅속 깊은 곳에 있는 암석이 녹은 뜨거운 액체를 마그마라고 해요. 그리고 마그마가 땅의 갈라진 틈이나 약한 부분으로 •분출되는 것을 화산 활동이라고 해요. 마그마가 분출할 때 기체 상태의 화산 가스, 액체 상태의 •용암, 고체 상태의 •화산재, 화산 암석 등 다양한 화산 분출물이 나와요.

3문단 화산 활동으로 나오는 용암은 •지표에 흐르면서 주변을 뒤덮거나 산불을 일으키기도 해요. 화산재는 마을을 뒤덮어서 많은 생물들의 목숨을 앗아가요. ㉠<u>그러나 화산 활동이 피해만 주는 것은 아니에요</u>. 온천은 마그마의 열로 뜨겁게 데워진 땅속에 고여 있는 물로, 질병에 효과가 있는 성분이 많이 들어 있어요. 또 화산의 열을 이용해서 발전기를 돌려 전기를 일으키는 시설을 만들기도 해요.

4문단 한편, 땅이 흔들리는 현상을 지진이라고 해요. 지금도 세계 곳곳에서는 지진이 발생하고 있어요. 지층이 지구 내부에서 작용하는 힘을 오랫동안 받으면 끊어질 수 있는데, 이렇게 지층이 끊어지거나 땅속의 큰 변화가 일어나면 지진이 발생해요.

5문단 지진이 발생하면 건물이 무너지고 사람이 다치는 등 피해가 발생해요. 우리나라는 비교적 지진에 안전하다고 여겨졌지만, 최근에는 우리나라에서도 지진이 발생하고 있어요. 이에 사람들은 지진 발생을 대비하고, 지진 피해를 줄이기 위해 노력하고 있어요.

이런 뜻이에요

- **지각** 지구의 바깥쪽을 차지하는 부분.
- **분출되는** 액체나 기체 상태의 물질이 솟구쳐서 뿜어지는.
- **용암** 화산이 폭발할 때 솟구쳐 나온 마그마. 또는 그것이 굳어서 된 암석.
- **화산재** 화산에서 분출된 용암이 부스러기 중에서 크기가 4mm보다 작은 알갱이.
- **지표** 지구나 땅의 겉면.

세부 내용 1 화산 분출물과 그 상태를 알맞게 줄로 이으세요.

용암 •	• 고체
화산재 •	• 기체
화산 가스 •	• 액체

세부 내용 2 이 글에 대한 설명으로 맞으면 ○표, 틀리면 ×표 하세요.

(1) 우리나라에서는 지신이 발생하지 않아요. ( )

(2) 마그마는 지표에 있는 암석이 녹은 것을 말해요. ( )

(3) 지구 내부에서 작용하는 힘을 오랫동안 받아서 지층이 끊어지면서 지진이 발생해요. ( )

내용 추론 3 화산 활동으로 인한 피해로 알맞지 않은 것은 무엇인가요? ( )

① 용암으로 인해 마을 곳곳에 화재가 발생하였다.
② 화산재가 햇빛을 가려 식물의 성장을 방해하였다.
③ 화산 암석을 가공하여 관광 기념품으로 판매하였다.
④ 용암이 산으로 흘러내려 수많은 야생 동물의 서식지가 파괴되었다.

어휘·표현 4 다음 중 ㉠과 가장 어울리는 사자성어는 무엇인가요? ( )

① 동고동락: 괴로움도 즐거움도 함께함.
② 시종일관: 일 따위를 처음부터 끝까지 한결같이 함.
③ 일진일퇴: 한 번 앞으로 나아갔다 한 번 뒤로 물러섰다 함.
④ 일장일단: 어떤 한면의 장점과 다른 면의 단점을 통틀어 이르는 말.

게임

재난에서 살아남기

마을 뒤편에 있는 화산이 폭발할지 모른다고 해. 모두가 안전하게 대피할 수 있도록 생존 배낭을 꾸려서 마을 사람들에게 전달해 주겠어?

부탁을 들어주기  예 ✖ 아니요

퀘스트 생존 배낭을 꾸려라

갑작스러운 *재난에 대비하기 위해 생존 배낭에 들어갈 물품을 준비해 보세요.

비상식량	• *조리 과정이 필요 없는 통조림통, 부피가 작고 가벼운 에너지바, 라면 등 먹기 간편한 식품들을 준비합니다. • 깨끗한 물 몇 병도 반드시 준비해 주세요.
비상 용품	손전등, 라디오, 호루라기 등 각종 상황에 대처할 수 있는 물품 등을 준비해 주세요.
구급약품	• 연고, 밴드, *상비약, 개인 약 등 가족의 건강 상태와 개인의 상황에 따라 필요한 약을 준비합니다. • 상비약은 진통제, 해열제, 감기약, 소화제 등을 준비합니다. • 의약품은 반드시 유효 기간이 지나기 전에 *교체합니다.

Lvl : 788/1000 ☆☆☆☆★ 퀘스트 달성 시 보상 생활 안전 점수 100point

이런 뜻이에요

- **재난** 뜻밖에 일어난 재앙과 고난.
- **상비약** 항상 준비해 두는 약.
- **조리** 재료를 이용하여 음식을 만듦.
- **교체합니다** 사람이나 사물을 다른 사람이나 사물로 바꿉니다.

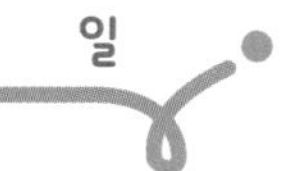

1 이 게임은 무엇에 대한 내용인지 빈칸에 알맞은 낱말을 쓰세요.

• ☐☐ 발생을 대비한 생존 배낭 꾸리기

2 이 게임 내 퀘스트의 목적은 무엇인가요? ( )

① 사람들의 마음을 모아 원하는 목적을 이루고자 한다.
② 해당 내용에 관심 있는 사람들의 참여도를 높이려 한다.
③ 어떤 목적을 가지고 사람들의 생각에 변화를 주고자 한다.
④ 어떤 일이 일어났을 때 대비할 수 있도록 도움을 주고자 한다.

3 다음 중 생존 배낭에 들어갈 물품으로 알맞지 않은 것은 무엇인가요? ( )

① 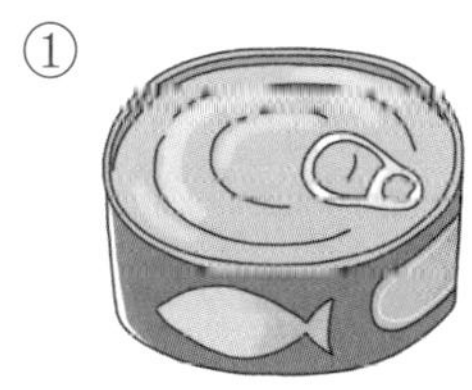
② 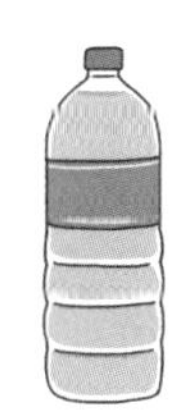
③ 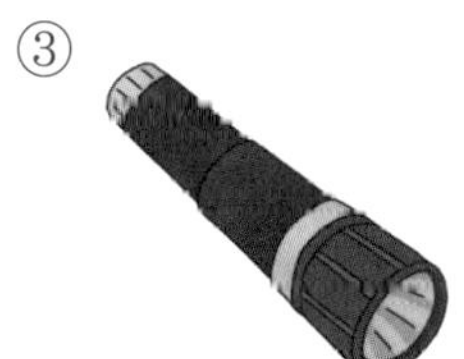
④ 

4 이 게임 내 퀘스트의 내용을 잘못 이해한 친구는 누구인가요? ( )

① 지원: 마트에 가서 미리 생수 몇 병을 사 둬야겠어.
② 도연: 라디오를 준비해 새로운 소식을 들을 수 있도록 해야지.
③ 명희: 우리 가족이 평소에 먹는 반찬을 미리 만들어 둬야겠어.
④ 윤아: 유효 기간이 지난 약은 버리고, 상비약 몇 가지를 준비해야겠어.

셔터스톡 https://shutterstock.com/ko

위키백과 https://ko.wikipedia.org

국립민속박물관 https://nfm.go.kr

한국방송광고진흥공사 https://kobaco.co.kr

아이와 평생 함께할 습관을 만듭니다.

아이스크림 홈런 2.0

공부를 좋아하는 습관

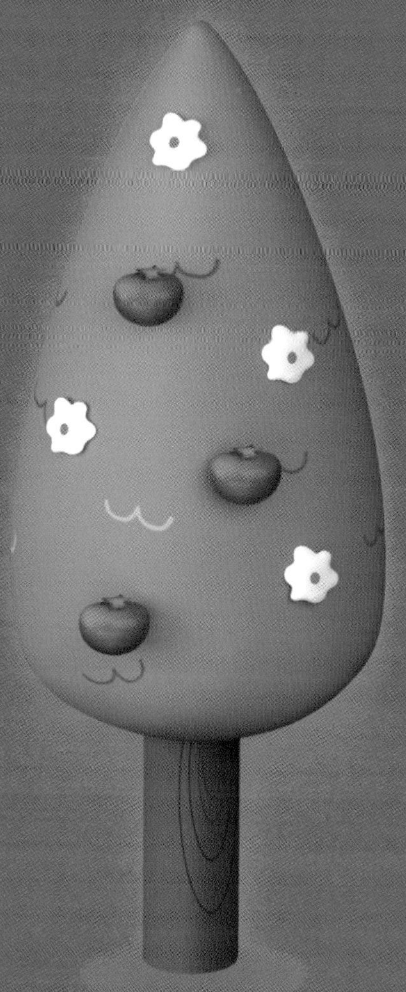

오늘의 성적을 넘어
아이와 평생 함께할 습관을 만듭니다.

틀리는 것을 두려워하지 않는 습관
궁금한 것은 끝까지 파보는 습관
스스로 설정한 목표는 해내고야 마는 습관
그렇게, 공부를 좋아하는 습관

결국 습관이 이긴다.

아이스크림 홈런 2.0
공부를 좋아하는 습관

아이스크림 홈런이 만드는 '공부를 좋아하는 습관'을 지금 확인해 보세요.

교과서부터 실생활까지

꽉 잡는 문해력 챌린지

교과서 실

정답과 해설

4단계

초등 3·4학년

이렇게 활용해요

정답과 오답의 이유를 꼼꼼히 확인해요.

이해하기 어려운 내용은 주변 어른에게 물어봐요.

교과서 실생활 문해력

정답과 해설

4단계

초등 3·4학년

1주

1일

10~15쪽

오늘의 퀴즈

- 본뜨다 — 이미 있는 대상을 본으로 삼아 그대로 좇아 만듦.
- 반포하다 — 세상에 널리 퍼뜨려 모두 알게 함.
- 심심하다 — 마음의 표현 정도가 매우 깊고 간절함.
- 훈민정음 — 백성을 가르치는 바른 소리라는 뜻으로, 1443년에 세종이 만들어 낸 우리나라 글자를 이르는 말.

교과서 문해력

1 ②, ④
2 ①
3 백성을 가르치는 바른 소리
4 ①

실생활 문해력

1 (1) × (2) × (3) ○
2 ③
3 "우리말과 우리글을 아끼고 사랑해 주세요."
4

	2 집		4 몰
1 단	도	3 직	입
순		선	

교과서 문해력 - 자랑스러운 우리의 훈민정음

글의 종류 설명하는 글

글의 주제 훈민정음의 탄생과 창제 원리

1 ② 한글 자음자의 경우 사람의 말소리를 내는 발음 기관의 모양을 본떠 기본 문자를 만들었어요.
④ 한글 모음자의 경우 우주 만물에는 하늘과 땅이 있고 그 가운데 사람이 있다는 원리를 바탕으로 만들었어요.

2 ① 백성들은 농사지어 먹고 사느라 어렵고 복잡한 한자를 공부할 시간이 없었어요. 그래서 세종 대왕은 쉽게 익힐 수 있는 한글을 만들었어요.

지도 Tip | 내용이 직접적으로 나타나 있지 않지만, 백성들이 왜 글자를 몰랐을지 생각해 보는 시간을 가져 보세요. 한자 공부와 한글 공부 어떤 것이 더 쉬울지 이야기해 보는 것도 좋아요.

3 훈민정음이란 '백성을 가르치는 바른 소리'라는 뜻이에요.

4 ①에 사용된 '본떠'는 '무엇을 본보기로 삼아 그대로 좇아 함.'이라는 뜻이에요. 그러나 ㉠에 사용된 '본떠'는 '이미 있는 대상을 본으로 삼아 그대로 좇아 만듦.'이라는 뜻이에요.

실생활 문해력 - 세종 대왕과의 인터뷰

글의 종류 가상 인터뷰

글의 주제 세종 대왕과의 가상 인터뷰

1 (1) × 세종 대왕은 궁궐 밖으로 나가기도 했어요.
(2) × 세종 대왕은 오히려 아버지인 태종 임금에게 책만 읽는다고 잔소리를 들었어요.
(3) ○ 세종 대왕은 모든 백성들이 쉽게 글을 읽고 쓸 수 있게 하고 싶어 한글을 만들었어요.

2 ③ 한글을 만들 때부터 반포할 때까지 세종 대왕에게 반대한 양반들이 있었다고 했어요.

3 인터뷰 마지막 부분에 세종 대왕은 학생들이 우리말과 우리글을 아끼고 사랑해 주었으면 한다고 말했어요.

4 '여러 말을 늘어놓지 아니하고 곧바로 중요한 말을 하는 것'은 '단도직입'이에요.
'복잡하지 않고 간단함.'은 '단순'이에요.
'수술이나 해부를 하기 위하여 수술칼을 잡음.'은 '집도'예요.
'꺾이거나 굽은 데가 없는 곧은 선.'은 '직선'이에요.
'깊이 파고들거나 빠짐.'은 '몰입'이에요.

쉬어가기

얼마큼(○), 얼만큼(×)

'얼마만큼'의 준말인 '얼마큼'을 '얼만큼'이라고 쓰는 경우가 많아요. 하지만 '얼만큼'은 틀린 표기라는 점을 기억하세요.

2일

16~21쪽

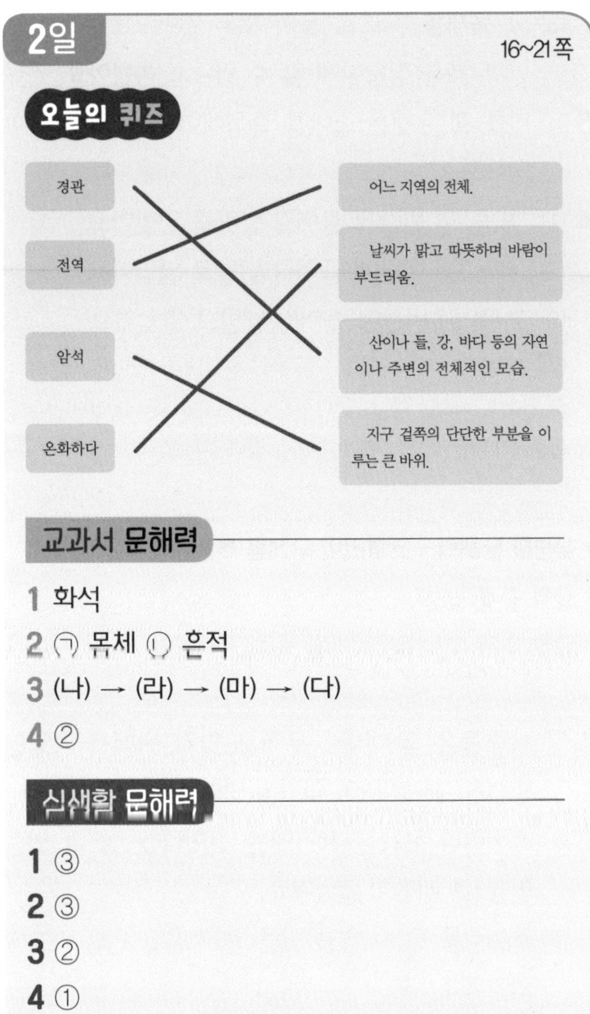

교과서 문해력

1 화석
2 ㉠ 몸체 ㉡ 흔적
3 (나) → (라) → (마) → (다)
4 ②

실생활 문해력

1 ③
2 ③
3 ②
4 ①

▶ 교과서 문해력 - 화석은 어떻게 만들어질까요? ◀

글의 종류 설명하는 글

글의 주제 화석의 특징

1 이 글은 화석에 대해 쓴 글이에요. 화석이란 무엇인지와 화석의 종류, 화석이 만들어지는 과정, 화석을 통해 알 수 있는 사실에 대해 설명하고 있어요.

2 화석은 생물의 몸체가 남은 화석과, 생물의 활동 흔적이 남은 화석으로 나눌 수 있어요.

3 순서대로 (가) → (나) → (라) → (마) → (다)예요. 생물이 죽어 그 위로 퇴적물이 계속 쌓이게 되면 지층이 만들어져요. 그 후 오랜 시간이 지나면 화석이 만들어지게 되지요.

4 ② 화석에는 거대한 크기의 공룡 화석부터 현미경을 이용해야만 관찰할 수 있는 작은 크기의 생물 화석까지 있다고 했어요. 즉, 화석은 모두 거대하다는 반응은 알맞지 않아요.

▶ 실생활 문해력 - 공룡 박물관에 갔어요 ◀

글의 종류 안내문

글의 주제 공룡 박물관 관람 안내문

1 ③ 공룡 화석이 아니라 공룡 발자국 화석이 고성군 전역에 걸쳐 거의 모든 곳에서 약 5,000여 점 발견되었어요.

2 ③ 10월 9일 15시 한글날에는 공룡 박물관 입장이 가능해요.

오답 풀이 ① 2월 10일 9시 설날 당일은 휴관이에요.
② 2월 12일 10시 월요일은 휴관이에요.
④ 11월 12일 20시 화요일은 관람 시간이 지났어요.

3 ② 아빠는 어른이고, 서울 시민이므로 가장 많은 3,000원의 입장료를 내야 해요.

오답 풀이 ① 동생은 6세 이하 어린이이므로 입장료가 무료예요.
③ 외할아버지는 65세 이상 노인이므로 입장료가 무료예요.
④ '나'는 초등학교 4학년 어린이이자 서울 시민이므로 어린이 요금인 1,500원의 입장료를 내야 해요.

4 ① 공룡 박물관의 휴관일은 월요일이지만, 월요일이 공휴일인 경우에는 그 다음의 첫 번째 평일에 휴관한다고 했어요. 이는 '그러나'로 이어 주는 것이 알맞아요.

쉬어가기

깜장(◯), 까망(×)

'빨갛다'를 명사로 바꾸면 '빨강', '노랗다'를 명사로 바꾸면 '노랑'이에요. 하지만 '까맣다'를 명사로 바꾸었을 때는 '까망'이 아니라 '깜장'이 올바른 표기랍니다. 맞춤법, 쉽지 않지요?

3일

22~27쪽

오늘의 퀴즈

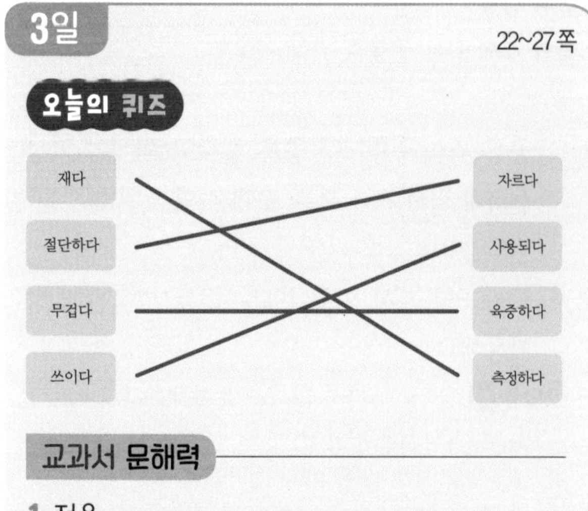

교과서 문해력

1 저울

2 (1) ○ (2) × (3) ×

3 ④

4 (1) 체중 (2) 체온 (3) 시력

실생활 문해력

1 ②

2 (1) 큰 저울이 없다.

(2) 큰 저울을 만들 기술이 없다.

(3) 코끼리가 죽게 된다.

3 ①

4 ④

▸ 교과서 문해력 - 무게를 알아보자 ◂

글의 종류 설명하는 글

글의 주제 저울의 역사

1 이 글은 저울에 대한 글이에요. 저울이 필요한 까닭과 저울의 종류, 저울의 역사 등에 대해 설명하고 있어요.

2 (1) ○ 우리나라에서는 눈금이 새겨진 저울대에 추를 매달아 무게를 측정하는 대저울을 주로 사용하였어요.

(2) × 저울이 언제부터 만들어졌는지는 정확하게 알 수 없다고 하였어요. 고대 이집트의 무덤 벽화에 그려진 저울을 사용하는 그림을 통해 그 이전부터 사람들이 저울을 사용했으리라 추측할 수 있을 뿐이지요.

(3) × 물체를 손으로 들어 보는 것만으로는 물체의 무게를 정확하게 알 수 없다고 하였어요.

3 ④ 키를 재는 것은 길이를 측정해야 하는 경우에 해당해요.

4 (1) '체중'이 빈칸에 들어갈 낱말로 알맞아요.

(2) '체온'이 빈칸에 들어갈 낱말로 알맞아요.

(3) '시력'이 빈칸에 들어갈 낱말로 알맞아요.

지도 Tip | (1)에는 '무게', (2)에는 '온도'라는 낱말을 떠올릴 수도 있어요. 하지만 이는 뒤에 나오는 조사 '을'과 어울리지 않는 낱말들이기 때문에 답이 될 수 없음을 알려 주세요.

▸ 실생활 문해력 - 코끼리의 무게를 측정해요 ◂

글의 종류 웹툰

글의 주제 코끼리의 무게를 측정하는 방법

1 ② 사람들은 코끼리의 무게를 알기 위해서 다양한 방법을 이야기하며 의견을 말하였어요.

2 (1) 코끼리의 무게를 재기에는 코끼리를 잴 수 있을 만큼 큰 저울이 없었어요.

(2) 코끼리를 잴 수 있을 만큼 큰 저울을 만들 기술이 없었어요.

(3) 코끼리를 잘라서 무게를 재기에는 코끼리가 죽게 되는 문제가 있었어요.

3 ① 코끼리의 무게만큼 동일하게 물체를 실으면 배가 가라앉는 지점이 같다는 원리를 이용했어요. 코끼리와 돌의 성질이 같은 것은 아니에요.

4 ④ '눈앞의 이가 어떤 사람인지 재는 그의 눈빛이 매서웠다.'에 쓰인 '재다'는 '여러 가지 면에서 따지거나 비교함.'을 뜻해요.

쉬어가기

바라(○), 바래(×)

흔히들 "[illegible] 바래."와 같이 '바라'를 '바래'라고 잘못 쓰는 경우가 많아요. 하지만 이는 '바라다'에 '-아'가 합쳐진 말로, '바라'가 올바른 표기라는 사실을 잊지 마세요.

4일

28~33쪽

오늘의 퀴즈

보	호	인	재	수
존	지	정	하	다
되	경	사	자	물
다	산	정	산	주
유	산	상	속	인

교과서 문해력

1 ㉠ 문화유산 ㉡ 무형유산
2 라영
3 유네스코 세계 유산

실생활 문해력

1 
2 ④
3 정약용
4 ②

▶ 교과서 문해력 - 우리 지역의 국가유산 ◀

• **글의 종류** 설명하는 글

• **글의 주제** 국가유산

1 국가유산은 문화유산, 지역유산, 무형유산으로 나눌 수 있어요. 그중에서 문화유산은 건축물, 공예품, 책과 같이 고정된 형태가 있는 것이에요. 무형유산은 음악, 공연, 기술처럼 형태가 없는 것을 말해요.

지도 Tip | 우리가 알고 있는 국가유산에는 무엇이 있는지 함께 이야기해 보면 좋아요.

2 국가유산을 조사할 때는 촬영이 가능한지 확인하고 규칙을 지켜야 해요. 또한 국가유산의 보존을 위해 손으로 만지지 말고 눈으로 관찰해야 해요.

3 유네스코가 정한 다른 나라에 널리 알리고 세계가 함께 보호해야 할 국가유산으로 정한 것을 '유네스코 세계 유산'이라고 해요.

▶ 실생활 문해력 - 한국의 유네스코 세계 유산 ◀

• **글의 종류** 백과사전

• **글의 주제** 한국의 유네스코 세계 유산

1 강화 고인돌, 경주 석굴암, 수원 화성이 소개되었어요.

지도 Tip | 글에는 나타나 있지 않지만 유네스코 세계 유산으로 지정된 한국의 갯벌 지역은 서천, 고창, 신안, 보성-순천 갯벌이에요.

2 ④ 한국의 갯벌과 같이 유네스코 세계 유산으로는 건축물뿐만 아니라 자연물도 지정될 수 있어요.

오답 풀이 ① 고인돌 유적은 유럽, 중국, 일본에도 있어요.
② 불국사를 통해 당시 찬란했던 불교문화를 엿볼 수 있어요.
③ 수원 화성은 조선 시대에 지어진 성곽으로 예술적 가치가 높아요.

3 조선 시대, 정조 임금의 명령에 따라 수원 화성의 설계를 맡은 사람은 정약용이에요.

4 ② '독창적'이란 '다른 것을 그대로 따라하지 않고 새로운 것을 처음으로 만들어 내거나 생각해 내는 것.'을 뜻해요. 이는 '개성적'과 바꾸어 쓸 수 있어요. '개성적'이란 '다른 사람이나 개체와 뚜렷이 구별되는 것.'을 뜻해요.

오답 풀이 ① '긍정적'이란 '바람직한 것.'을 뜻해요.
③ '일반적'이란 '일부에 한정되지 않고 두루 해당될 수 있는 것.'을 뜻해요.
④ '보편적'이란 '모든 것에 두루 미치거나 통하는 것.'을 뜻해요.

쉬어가기

으레(○), 으례(×)

'두말할 것 없이 당연히.'를 뜻하는 '으레'는 발음 때문에 '으례'라고 잘못 쓰는 사람이 많아요. 앞으로는 '으레'라고 제대로 쓰도록 해요.

5일

34~39쪽

오늘의 퀴즈

불	조	건	조	사
필	철	저	하	다
요	단	순	하	다
경	하	무	간	신
험	차	편	수	리

교과서 문해력

1 ㉠ 지도 ㉡ 기호
2 (1) × (2) ◯ (3) ◯
3 (1) 장소 (2) 지도 (3) 시간
4 북 / 서 / 동 / 남

실생활 문해력

1 ②
2 (2) ◯
3 ③
4 ①

▶ 교과서 문해력 - 놀이공원의 지도를 봐요 ◀

• **글의 종류** 설명하는 글
• **글의 주제** 지도의 형식과 특징

1 ㉠ 위에서 내려다본 땅의 실제 모습을 일정한 형식으로 줄여서 나타낸 그림을 지도라고 해요.
㉡ 복잡한 땅의 모습을 지도에 나타낼 때에는 약속된 기호를 사용해요.

2 (1) × 그리는 사람마다 다르게 표현하면 지도라고 할 수 없어요. 정해진 약속에 따라 그려야 해요.
(2) ◯ 지도에는 기호를 통해 땅의 특징과 필요한 정보가 보기 쉽게 나타나 있어요.
(3) ◯ 지도란 위에서 내려다본 땅의 실제 모습을 일정한 비율로 줄여서 나타낸 그림이에요.

3 (1) 만날 장소와 시간을 미리 정해요.
(2) 지도를 보고 만날 장소의 위치를 확인해요.
(3) 약속한 시간에 만나기로 한 장소에서 만나요.

4 지도에 방위표가 없으면 지도의 위쪽이 북쪽, 아래쪽이 남쪽, 오른쪽이 동쪽, 왼쪽이 서쪽이에요.

▶ 실생활 문해력 - 안전하게 놀이공원에서 놀아요 ◀

• **글의 종류** 안내문
• **글의 주제** 놀이공원 이용 안전 수칙

1 ② 이 안내문은 놀이공원의 안전 수칙을 안내하기 위해 만들어졌어요.

2 (2) ◯ 이 안내문에서 사용된 '청개구리'의 뜻은 '모든 일에 엇나가고 반대로만 하는 사람을 비유적으로 이르는 말.'에 해당해요. 일부러 규칙을 지키지 않으려는 성질을 억누르라는 뜻으로 사용한 말이에요.

3 ③ 퍼레이드를 구경하기 위해 안전선이 있는 구역 안에서 대기한 현수는 이 안내문의 내용을 잘 지켰어요.

오답 풀이 ① 출입 금지 구역에 들어가서는 안 돼요.
② 놀이기구 탑승 시 안전벨트를 착용해야 해요.
④ 놀이기구 탑승 시 돌발 행동을 해서는 안 돼요.

4 ① '탈의'란 '옷을 벗음.'이라는 뜻으로, '옷이나 신발, 액세서리 등을 입거나 신거나 차거나 하는 것.'을 뜻하는 '착용'과는 바꾸어 쓸 수 없어요.

쉬어가기

떨어뜨리다(◯), 떨어트리다(◯)

'떨어뜨리다'와 '떨어트리다', 어떤 게 맞을까요? 정답은 '둘 다'예요. 우리말에는 '-뜨리다' 혹은 '-트리다'가 붙는 말이 많은데, 둘 다 사용해도 된답니다.

2주

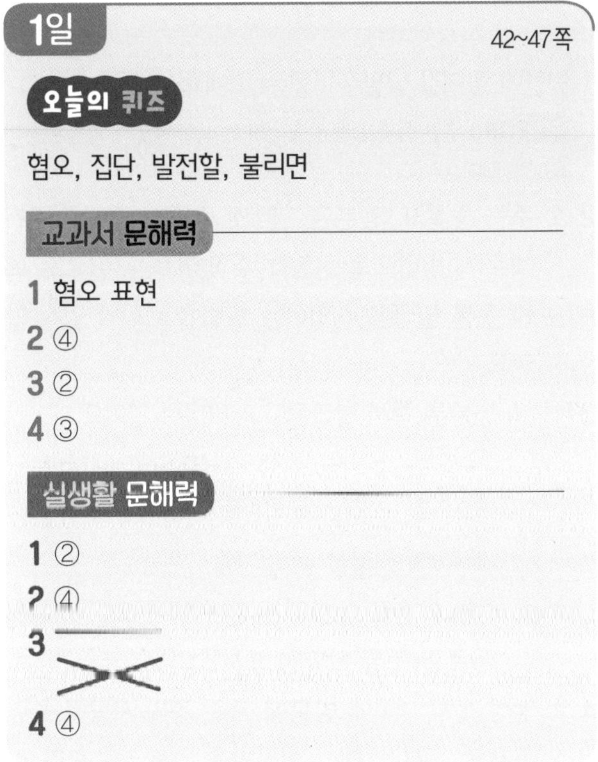

1일

42~47쪽

오늘의 퀴즈

혐오, 집단, 발전할, 불리면

교과서 문해력

1 혐오 표현
2 ④
3 ②
4 ③

실생활 문해력

1 ②
2 ④
3
4 ④

▶ 교과서 문해력 - 남을 비하하는 말은 그만 ◀

글의 종류 설명하는 글

글의 주제 혐오 표현

1 이 글은 혐오 표현에 대해 쓴 글이에요. 혐오 표현이 무엇인지, 혐오 표현을 왜 사용해서는 안 되는지에 대해 설명하고 있어요.

2 ④ 혐오 표현은 특정 집단에 속한 사람을 불쾌하게 만들기 때문에 줄여야 해요.

지도 Tip | 그뿐만 아니라, 혐오 표현은 특정 집단에 대한 증오심이나 적대심을 가지게 하므로 줄여야 한다고도 알려 주세요.

3 ② 초등학생을 낮춰 부르는 말인 '잼민이'는 혐오 표현에 해당해요.

오답 풀이 ①, ③, ④ 특정 대상을 혐오하는 감정을 담아 사용하는 표현이 아니에요.

4 ③ ㉠에 들어갈 이어 주는 말로 알맞은 것은 서로 반대되거나 대립되는 내용을 이어 주는 말인 '그러나'예요.

▶ 실생활 문해력 - 우리 반 카페에서 벌어진 일 ◀

글의 종류 인터넷 게시 글

글의 주제 혐오 표현

1 ② 이 글은 'ㅋ', 'ㅎ'과 같은 글자의 자음을 사용해 자신의 웃음소리를 표현하고 있어요.

2 ④ 이 글에서 글쓴이는 흑인과 중국인, 지체 장애인을 비하하는 표현을 사용하였어요.

3 흑형은 흑인의 혐오 표현, 짱개는 중국인의 혐오 표현, 절름발이는 지체 장애인의 혐오 표현이에요.

4 ④ 인종, 장애 등을 이유로 차별을 해서는 안 돼요. 혐오 표현을 사용한 글쓴이에게 충고하는 댓글로 알맞지 않아요.

쉬어가기

우레(○), 우뢰(×)

운동회에서 '우레'와 같은 함성을 내지른 적이 있나요? '우레'란 '천둥'과 같은 뜻이에요. 그런데 한자 '우레 뢰(雷)'를 떠올려 '우뢰'라고 잘못 쓸 때가 있어요. '우레'는 순우리말로, 앞으로는 틀리지 말고 제대로 쓰도록 해요.

2일

48~53쪽

오늘의 퀴즈

1 발급
2 복지
3 자치
4 수수료

교과서 문해력

1 공공 기관
2
3 ④
4 ①

실생활 문해력

1 등본
2 ②
3 (1) × (2) ○ (3) ×
4 ④

교과서 문해력 - 주민이 편리하게 생활할 수 있어요

글의 종류 설명하는 글

글의 주제 공공 기관의 역할

1 이 글은 공공 기관에 대해 쓴 글이에요.

2 1문단은 공공 기관의 의미, 2문단은 공공 기관이 우리 생활에 주는 도움, 3문단은 공공 기관의 종류와 역할에 대해 설명하고 있어요.

3 ④ 공공 기관은 개인의 이익이 아닌 주민 전체의 이익과 생활의 편의를 위해 일해요.

오답 풀이 ① 공공 기관은 국가나 지방 자치 단체가 세우거나 관리하는 기관이에요.
② 지역 주민들은 공공 기관을 이용할 수 있어요.
③ 공공 기관은 개인이 세우거나 관리할 수 없어요.

4 ① 공공 기관은 주민이 안전하고 편리하며 쾌적하게 생활할 수 있게 여러 가지 일을 하는 기관이에요. 상점에 전자 기기를 들여와 다른 가게보다 저렴히 판매하는 것은 공공 기관의 역할과는 거리가 멀어요.

오답 풀이 ④ 말벌집을 발견했을 때, 무리하게 제거하려고 하다가 벌에게 공격을 받아 다칠 수 있어요. 소방서는 말벌집 제거와 같은 일도 주민을 위해 처리해 줘요.

실생활 문해력 - 주민 등록표 등본을 발급해요

글의 종류 인터넷 게시 글

글의 주제 주민 등록표 등본 발급

1 빈칸에 들어갈 낱말은 '등본'이에요.

지도 Tip | 주민 등록표 등본을 실제로 보여 주면서 학습하면 더 효과적이에요.

2 ② 주민 등록표 등본은 인터넷, 방문, 무인 발급기 세 가지 방법으로 신청할 수 있어요. 우편으로 보내 등본 발급을 신청하는 방법은 나타나 있지 않아요.

3 (1) × 등본은 즉시 발급된다고 나타나 있어요.
(2) ○ 온라인은 본인만 신청 가능하다고 나타나 있어요. 즉, 인터넷 누리집에서는 가족의 등본을 대리하여 신청할 수 없어요.
(3) × 주민 등록표 등본에는 한 세대의 모든 구성원의 주민 등록 사항이 표시돼요.

4 ④ 행정 복지 센터에 방문해 가족 등의 사람이 주민 등록표 등본을 대신 발급받을 경우 500원의 수수료가 부과돼요. 엄마와 아빠 각각 한 사람씩 2명의 등본을 대신 발급받을 경우 수수료는 1,000원을 내야 해요.

쉬어가기

쌀뜨물(○), 쌀뜬물(×)

밥을 짓기 위해 쌀을 씻는 모습을 본 적이 있나요? '쌀뜨물'이란 '쌀을 씻고 난 뿌연 물'을 말해요. 하지만 '쌀뜬물'이라고 잘못 생각하는 경우가 있지요. 이제는 헷갈리지 말도록 해요.

3일

54~59쪽

오늘의 퀴즈

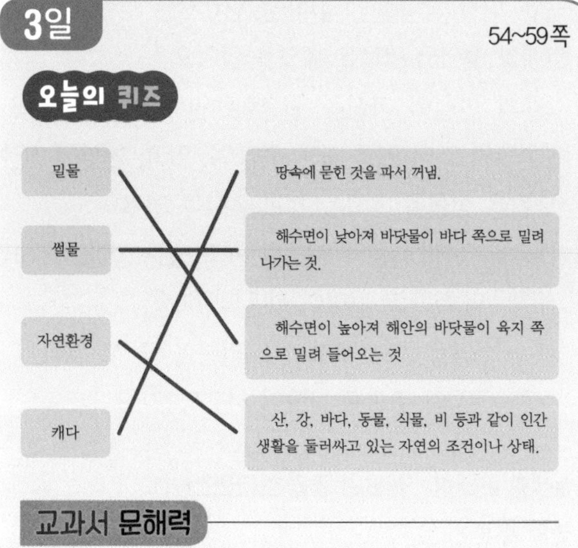

교과서 문해력

1 촌락
2 ㉠ 농업 ㉡ 어업 ㉢ 임업
3 농촌
4 ③

실생활 문해력

1 어촌
2 ④
3 ④
4 ④

교과서 문해력 - 촌락의 종류를 살펴요

글의 종류 설명하는 글

글의 주제 촌락의 종류

1 이 글은 촌락에 대해 쓴 글이에요.

2 촌락은 농촌, 어촌, 산지촌으로 나뉘어져요. 농촌에서는 주로 농업을 하며 살아가요. 어촌에서는 주로 어업을 하며 살아가요. 산지촌에서는 주로 임업을 하며 살아가요.

3 논밭에서 곡식이나 채소를 기르고, 과수원이나 비닐하우스에서 과일을 기른다는 내용을 통해 농촌이라는 것을 알 수 있어요.

4 ③ 촌락은 자연환경의 영향을 많이 받으므로 날씨를 중요하게 여긴다는 것이 알맞아요.

실생활 문해력 - 갯벌 체험을 하고 싶어요

글의 종류 인터넷 게시 글

글의 주제 갯벌 체험에 관한 질문과 답변

1 갯벌은 바닷가에 있어요. 즉, 갯벌 체험은 어촌에서 할 수 있어요.

2 ④ 질문자는 아이와 함께 갯벌 체험을 하려고 해요. 그래서 갯벌 체험을 하기 좋은 시간대를 사람들에게 추천받기 위해 이 글을 썼어요.

3 ④ 답변자는 날씨가 흐린 상태라면 오후도 상관없다고 했어요. 19일은 날씨가 흐리기 때문에 간조 시간 1시간 뒤라도 조개 캐기 체험을 할 수 있어요.

지도 Tip | 표를 읽어 내는 것도 독해 활동이에요. 표의 맨 윗 열과 왼쪽 행이 무엇을 나타내는지 먼저 확인한 뒤에 내용을 확인하게 해 주세요. 표의 내용을 천천히 살피면 어렵지 않다는 것을 알게 해 주세요.

4 ④ '아마'는 '확실하게 말할 수는 없지만 짐작하기나 생각해 볼 때 그럴 가능성이 크게.'라는 뜻으로, '만약'과 바꾸어 쓸 수 없어요.

지도 Tip | 제시된 낱말들이 모두 짐작하는 상황과 관련이 있어 헷갈릴 수 있어요. '만약', '만일', '혹시', '행여'의 낱말은 어쩌다가 생길 수 있는 뜻밖의 경우를 짐작할 때 사용해요. 그렇지만 '아마'는 추측하는 상황이 일어날 가능성이 크다고 생각하며 짐작하는 의미로 쓰이는 차이가 있어요.

쉬어가기

도롱뇽(○), 도룡뇽(×)

'도룡뇽'이라면서 그동안 잘못된 표기를 사용했나요? 그렇다면 이제부터 '도롱뇽'이라고 올바른 표기로 사용해 보아요.

4일

60~65쪽

오늘의 퀴즈

떡	잎	리	재	미
상	변	환	하	다
생	성	되	다	학
손	해	체	현	교
상	생	육	재	실

교과서 문해력

1 (1) × (2) × (3) ◯
2 (라) → (나) → (다) → (마)
3 씨를 구하기 쉽다. 한살이 기간이 짧다.
4 (1) 「1」 (2) 「2」 (3) 「2」 (4) 「1」

실생활 문해력

1 ②
2 ㉠ 광합성 ㉡ 전기
3 ②
4 공기 정화, 정서적인 이유

교과서 문해력 - 식물이 자라는 것을 관찰해요

글의 종류 설명하는 글

글의 주제 식물의 한살이

1 (1) × 사과나무는 자라는 데 시간이 많이 필요해 식물의 한살이를 관찰하기에 적절하지 않아요.
(2) × 식물의 한살이 과정에서 꽃이 피는 과정이 가장 중요하다는 내용은 나타나 있지 않아요. 식물의 한살이 과정은 씨가 싹 트고 잎이 나오고 꽃이 피고 열매를 맺어 씨를 만드는 모든 과정이 다 중요해요.
(3) ◯ 식물의 한살이 과정에 따라 벼, 옥수수, 나팔꽃, 강낭콩, 봉선화와 같은 한해살이 식물과 개나리, 감나무, 은행나무와 같은 여러해살이 식물로 나뉘어요.

2 순서대로 (가) → (라) → (나) → (다) → (마)예요. 식물은 씨가 싹 트고, 잎과 줄기가 자란 후 꽃이 피고 열매를 맺어서 새로운 씨앗을 얻어요.

3 식물의 한살이 과정을 관찰하려면 강낭콩, 나팔꽃, 봉선화와 같이 씨를 쉽게 구할 수 있고, 한살이 기간이 짧은 식물을 고르는 것이 좋다고 했어요.

4 (1), (4) '콩과 식물의 씨앗을 싸고 있는 껍질.'의 「1」의 뜻으로 낱말이 사용되었어요.
(2), (3) '남을 해코지하거나 헐뜯을 만한 거리.'의 「2」의 뜻으로 낱말이 사용되었어요.

실생활 문해력 - 식물이 말을 한다면?

글의 종류 신문 기사

글의 주제 최신 식물 연구 동향

1 ② '전자가 생성되는데'는 '전자가 만들어지는데'로 바꾸어 쓸 수 있어요.

2 물과 빛이 충분해 광합성이 활발해지면 미생물이 활성화되면서 전자가 만들어져 전기 신호를 보내 충분하다는 음성을 낸다고 했어요. 반대로 물과 빛이 부족해 광합성이 잘 이루어지지 않으면 미생물이 활성화되지 못해 전자 이동량이 감소하고, 전기 신호가 약해져 부족하다는 음성으로 전환된다고 했어요.

3 ② 식물 뿌리 주변에 있는 미생물이 전자 신호를 보낼 수 있어요. 식물 뿌리 세포가 전자 신호를 보낼 수 있는 것은 아니에요.

4 공기 정화나 정서적인 이유로 실내에서 '반려 식물'을 기르는 사람이 늘고 있는 상황이라고 했어요.

쉬어가기

제치다(◯), 제끼다(×)

학원을 '제치고' 놀러 간 적이 있나요? '제치다'란 '일을 미룸.', '거치적거리지 않게 처리함.', '경쟁 상대보다 우위에 섬.' 등을 뜻하는 말이에요. '제끼다'라고 잘못 쓰는 경우가 많지만 '제치다'라고 써야 해요.

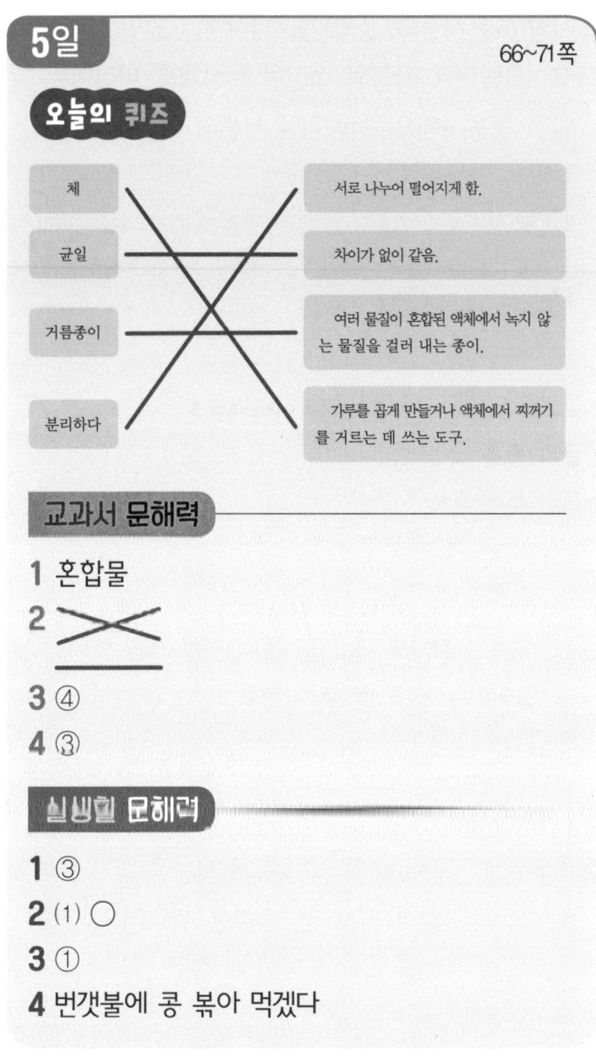

▸ 교과서 문해력 - 무엇과 무엇이 섞였을까요 ◂

▪ **글의 종류** 설명하는 글

▪ **글의 주제** 혼합물

1 이 글은 혼합물에 대해 쓴 글이에요. 혼합물이 무엇인지와 혼합물의 종류, 혼합물을 분리하는 방법에 대해 설명하고 있어요.

2 소금과 모래의 혼합물은 물에 녹는 정도에 따라 분리해요. 크기가 다른 고체 혼합물은 알갱이의 크기 차이를 이용하여 분리해요. 철이 섞여 있는 고체 혼합물은 자석에 철이 붙는 성질을 이용하여 분리해요.

3 ④ 소금과 모래가 섞인 바닷물을 거름 장치로 걸러 소금물을 얻는 것은 물에 녹는 정도에 따라 분리하는 방법이에요.

4 ③ '불(不)'은 일부 낱말 앞에 붙어서 '아님, 아니함, 어긋남.'을 뜻을 더해 줘요. '호령'은 '큰 소리로 꾸짖음.'을 뜻하는데, 불호령은 '몹시 심하게 하는 꾸지람.'을 뜻하는 낱말로 반대의 뜻이 아니에요.

▸ 실생활 문해력 - 콩쥐를 도와주세요 ◂

▪ **글의 종류** 웹툰

▪ **글의 주제** 혼합물의 분리

1 ③ 콩쥐는 원님 잔치에 가기 위해 소쿠리 속 섞여 있는 곡식을 한 종류씩 분리해야 해요.

2 (1) ○ 섞여 있는 콩, 팥, 좁쌀을 체를 이용해 분리한 방법은 물질의 크기 차이를 이용하여 분리하는 방법이에요.

3 ① 콩쥐는 많은 곡식을 일일이 분리해야 한다는 생각에 눈물을 흘렸어요. 깨진 항아리라면 두꺼비가 몸으로 구멍을 막아 도와줄 수 있겠지만, 이번에는 그렇지 않다는 것에서 알 수 있는 콩쥐의 마음은 '안타깝다'예요.

4 보기에서 설명하고 있는 속담은 '번갯불에 콩 볶아 먹겠다'란 속담이에요.

쉬어가기

혼꾸멍내다(○), 혼구멍내다(×)

어쩐지 '혼구멍'보다 '혼꾸멍'이 잘못된 표기처럼 느껴지지요? '혼꾸멍내다'란 '혼내다'를 속되게 이르는 말이에요. '혼구멍'이 틀린 표기라는 사실을 잊지 마세요.

3주

1일

74~79쪽

오늘의 퀴즈

1 상태　　2 형태
3 구기　　4 등급

교과서 문해력

1 ②
2 순서
3 (1) 중세 → 천체 → 행성
(2) 관측하던: 관측하다, 중요한: 중요하다
4 

실생활 문해력

1 ②
2 
3 ①
4 ③

▶ 교과서 문해력 - 사전은 내 친구 ◀

글의 종류 설명하는 글

글의 주제 국어사전의 수록 원리

1 ② 국어사전을 통해 최신 유행어를 빠르게 알 수 있는 것은 아니에요.

2 국어사전에서 낱말은 글자의 순서대로 실려 있어요. 글자의 낱자는 기본 한글 자음과 모음의 순서에 따라 실려 있어요.

3 (1) '행성, 중세, 천체'를 각각에 쓰인 낱자의 순서에 따라 순서대로 배열하면 '중세 → 천체 → 행성' 순이에요.
(2) '관측하던'의 기본형은 '관측하'에 '-다'를 붙인 '관측하다'예요. '중요한'의 기본형은 '중요하'에 '-다'를 붙인 '중요하다'예요.

4 사람이나 사물의 움직임을 나타내는 낱말은 동사예요. 사람이나 사물의 성질이나 상태를 나타내는 낱말은 형용사예요. 사람이나 사물의 이름을 나타내는 낱말은 명사예요.

지도 Tip | 동사, 형용사 명사라는 말은 초등학교에서는 아직 배우지 않지만, 중학교에 가면 나오는 말이니 미리 알아 두도록 해 주세요.

▶ 실생활 문해력 - 국어사전을 찾아봐요 ◀

글의 종류 국어사전

글의 주제 표제어 '먹다'

1 ② '먹다[2]'에 '밥을 먹음.', '나이를 먹음.'의 뜻이 모두 속해 있어요. 즉, 뜻이 여러 개인 하나의 낱말이라는 것을 알 수 있어요.

지도 Tip | 국어사전을 보는 법에 대해 잘 모를 수가 있어요. 국어사전에는 낱말의 뜻 외에도 많은 정보가 담겨 있어요. 차근차근 살피게 해 주세요.

2 '먹다[1]'은 '귀나 코가 막혀서 제 기능을 하지 못하게 됨. 또는 그렇게 되게 함.'이라는 뜻이에요. '먹다[2]'는 '음식 따위를 입을 통하여 배 속에 들여보냄.' 등의 뜻이에요.

3 ① 설날에 떡국을 먹는 까닭은 백과사전에서 찾아봐야 해요.

4 ③ '김이 습기를 먹었는지 눅눅해졌다.'에 쓰인 '먹다'는 '물이나 습기 따위를 빨아들임.'에 해당하는 뜻이에요.

쉬어가기

오스대다(○), 오시대다(×)

주변에 오스대는 친구가 있나요? '오스대다'란 '어울리지 아니하게 우쭐거리며 굼뜸.'이라는 뜻이에요. '오시대다'라고 잘못 쓰는 경우가 많지만 '오스대다'가 올바른 표기랍니다.

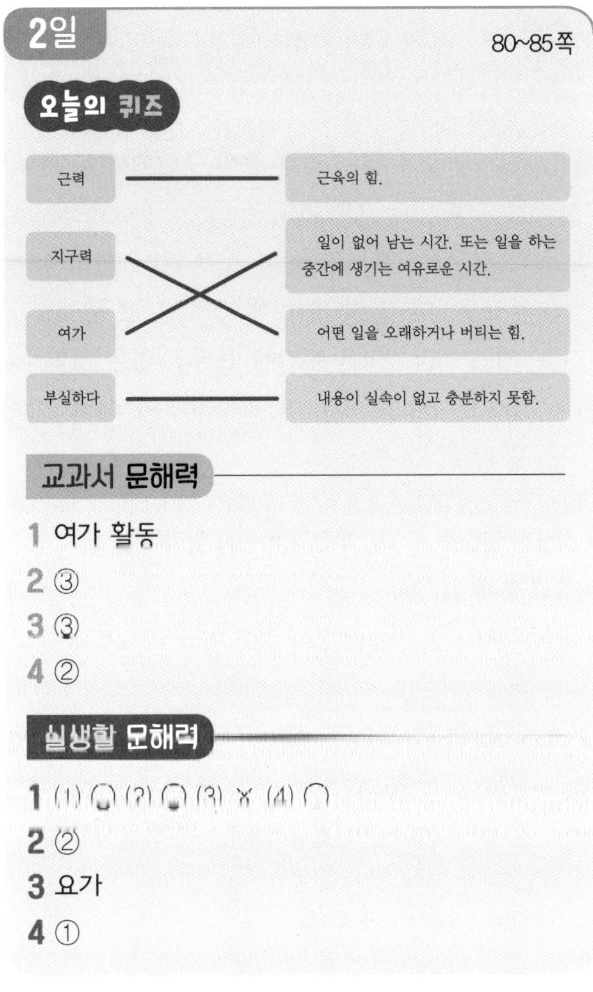

▶ 교과서 문해력 - 여가 활동을 하며 건강하게 지내요 ◀

글의 종류 주장하는 글

글의 주제 여가 활동

1 이 글은 여가 활동에 대해 쓴 글이에요. 여가 활동이란 무엇인지와 바람직한 여가 활동은 어떤 것인지, 쉽게 할 수 있는 여가 활동인 산책하기와 자전거 타기에서 유의해야 할 점에 대해 설명하면서 여가 활동을 할 것을 주장하고 있어요.

2 ③ 여가 활동은 꾸준히 계속할 수 있는 활동인지 생각해야 해요. 마음먹고 특별히 할 수 있는 활동을 하는 것은 여가 활동을 잘하는 방법과는 거리가 멀어요.

3 ③ 횡단보도에서는 자전거에서 내려서 자전거를 끌고 가야 해요.

지도 Tip | 자신이 알고 있는 상식으로 문제를 풀게 하지 마시고 어느 부분에 내용이 나와 있는지 확인하며 문제를 풀게 해 주세요.

4 ② 여가 활동은 나의 흥미에 맞는 활동을 하는 것이 알맞아요.

▶ 실생활 문해력 - 여가 활동을 해요 ◀

글의 종류 안내문

글의 주제 여가 프로그램 수강생 모집 안내문

1 (1) ○ 프로그램 모집 인원은 각 20명이라고 나타나 있어요.

(2) ○ 프로그램 신청 방법으로 이메일 신청 또는 방문 신청 방법이 나타나 있어요.

(3) × 프로그램 진행 강사는 이 광고에서 확인할 수 없어요.

(4) ○ 프로그램 수강 금액은 각 프로그램별 수강료에 나타나 있어요.

2 ② 프로그램을 신청하기 위해서는 인주시 종합사회복지관에 방문하거나 이메일로 신청해야 해요.

3 강당에서 이루어지고, 점심시간 전에 진행되는 프로그램은 '요가'예요.

지도 Tip | 지문 곳곳에 나타나 있는 단서들을 모아 알맞은 답을 찾는 연습을 하도록 도와 주세요.

4 ① '접수'란 '신청이나 신고 등을 말이나 문서로 받음.'이라는 뜻이에요. 이와 바꾸어 쓸 수 있는 낱말로 '등록'이 있어요. '등록'은 '허가나 인정을 받기 위해 이름 등을 문서에 기록되게 하는 것.'을 뜻해요.

쉬어가기

돌부리(○), 돌뿌리(×)

'땅 위로 내민 돌멩이의 뾰족한 부분.'을 '돌부리'라고 해요. 발음 때문인지 '돌뿌리'라고 잘못 쓰는 경우가 많지만, 앞으로는 제대로 쓰도록 해요.

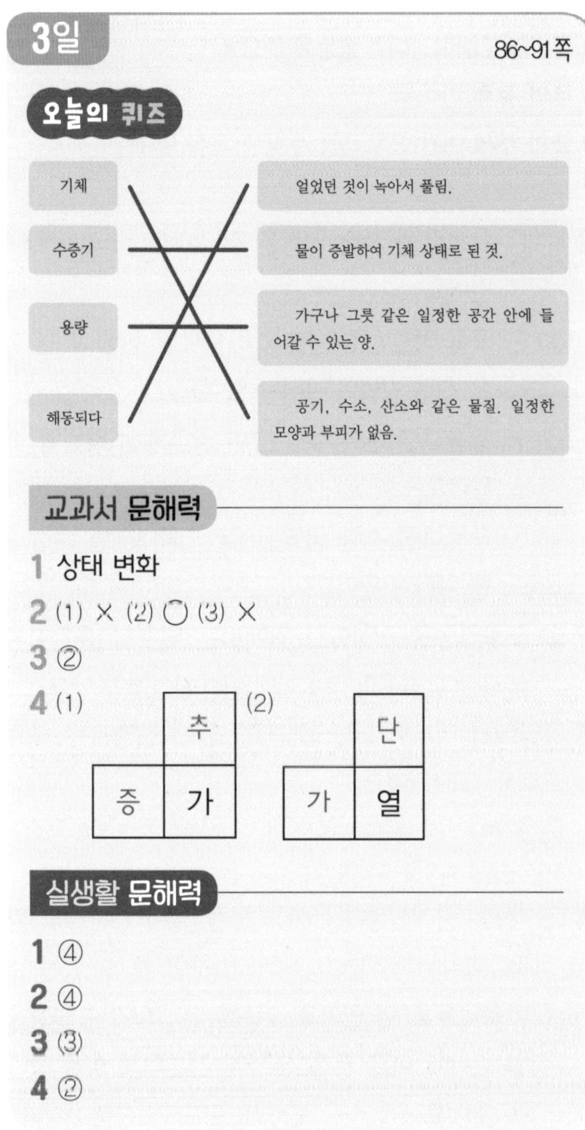

▶ 교과서 문해력 - 그때그때 달라지는 물의 모습 ◀

글의 종류 설명하는 글

글의 주제 물의 세 가지 상태

1 이 글은 물의 상태 변화에 대해 쓴 글이에요. 물이 얼음이나 수증기로 변하고, 수증기나 얼음이 물로 변하는 현상을 물의 상태 변화라고 해요.

2 (1) × 수증기로 상태가 변할 뿐, 사라지는 것이 아니에요. 수증기는 눈에 보이지는 않지만 공기 중에 있어요.

(2) ◯ 물이 끓을 때에는 증발할 때보다 더 빠르게 수증기로 변하여 물의 양이 빨리 줄어들어요.

(3) × 물이 얼 때는 부피가 늘고, 얼음이 녹을 때는 부피가 줄어요.

지도 Tip | 증발과 끓음의 개념을 헷갈릴 수 있어요. 과학 개념 학습이 아닌 문해력을 기르고자 하는 시간이니, 지문에서 문장을 보고 답을 찾을 수 있게 해 주세요.

3 ② 물이 얼음이 되는 것은 물이 증발해서가 아니라 물이 냉각되는 것이에요.

4 (1) '증가'란 '수나 양이 더 늘어나거나 많아짐.'을 뜻해요. '추가'란 '나중에 더 보탬.'을 뜻해요.

(2) '가열'이란 '어떤 물질에 뜨거운 열을 가함.'을 뜻해요. '단열'이란 '열이 나가거나 들어오지 않도록 막음.'을 뜻해요.

▶ 실생활 문해력 - 수도 계량기가 꽁꽁 얼기 전에 ◀

글의 종류 안내문

글의 주제 수도 계량기 동파 예방 방법

1 ④ 이 안내문은 수도 계량기가 겨울철에 동파되는 문제를 예방하고, 수도 계량기 및 수도관이 얼었을 때 개선하는 방법을 알리는 것이 목적이에요.

지도 Tip | 평소에 주변에서 볼 수 있는 포스터나 안내문을 주의 깊게 읽어 보도록 지도해 주세요.

2 ④ 수도 계량기 보호통 내부에 헌옷 등을 가득 채워 외부의 차가운 공기가 스며들지 않도록 해야 해요.

3 ③ '소 잃고 외양간 고치기'는 '일이 이미 잘못된 뒤에는 손을 써도 소용이 없음을 비꼬는 말.'로, 빈칸에 들어갈 속담으로 알맞아요.

오답 풀이 ① '거리낌 없이 아주 쉽게 예사로 하는 모양.'을 이르는 말이에요.

② '대항해도 도저히 이길 수 없는 경우.'를 비유적으로 이르는 말이에요.

④ '불리한 상황에 대하여 임기응변식으로 대처함.'을 이르는 말이에요.

4 ② 수도 계량기가 동파되었을 때 헤어 드라이기를 사용해서는 안 돼요.

쉬어가기

애당초(◯), 애시당초(×)

'일의 맨 처음'이라는 뜻으로, '당초'를 강조하여 이르는 말은 '애당초'예요. '애시당초'라고 잘못 쓸 때가 많지만, '애당초'가 올바른 표기랍니다.

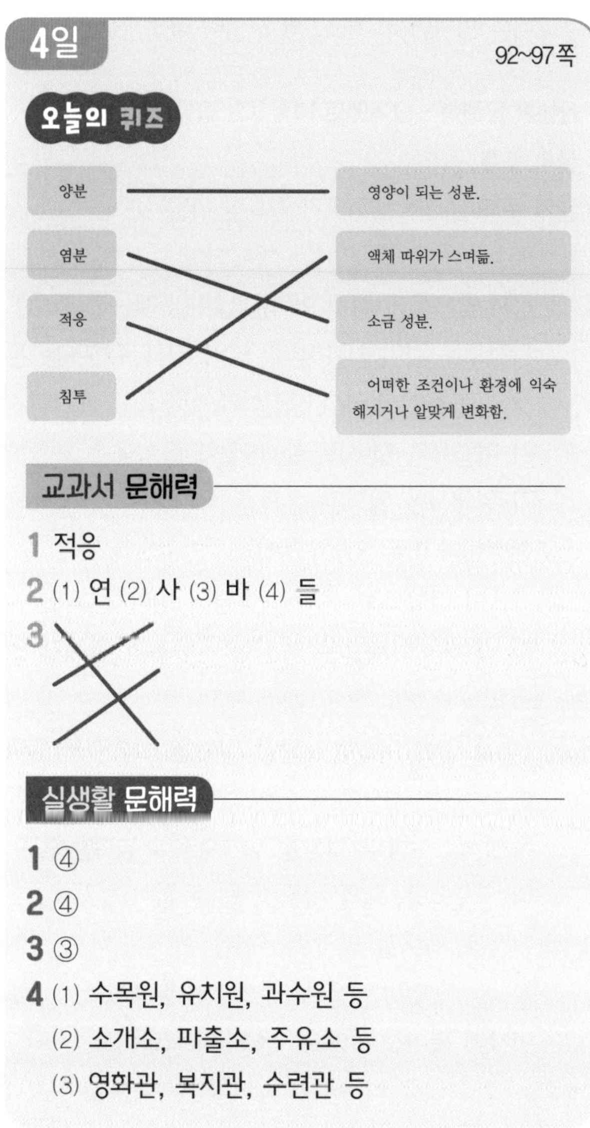

4일

92~97쪽

오늘의 퀴즈

교과서 문해력

1 적응

2 (1) 연 (2) 사 (3) 바 (4) 들

3

실생활 문해력

1 ④

2 ④

3 ③

4 (1) 수목원, 유치원, 과수원 등

(2) 소개소, 파출소, 주유소 등

(3) 영화관, 복지관, 수련관 등

▶ 교과서 문해력 - 식물이 자라는 것을 관찰해요 ◀

- **글의 종류** 설명하는 글
- **글의 주제** 환경에 따른 식물의 적응

1 3문단은 환경에 따른 식물의 적응에 대해 설명하고 있어요.

2 (1) 연못이나 강가에 사는 식물 중 물 위에 떠서 사는 식물은 잎이 넓적하고 공기주머니가 있어요.

(2) 사막에 사는 식물은 잎이 뾰족해서 물이 쉽게 증발되지 않아요.

(3) 바닷가에 사는 식물은 땅 위를 기어가듯이 줄기를 뻗으며 자라요.

(4) 들이나 산에서 사는 식물은 줄기와 잎이 잘 구분되며, 뿌리를 땅에 뻗고 살아요.

3 바닷가에 사는 식물의 잎이 두껍고 윤기 나는 까닭은 햇빛을 반사해 주고 염분의 침투를 막기 위함이에요. 물속에 잠겨 사는 식물의 줄기가 약하고 잎이 좁고 긴 까닭은 물살에 적응하기 위함이에요.

사막에 사는 식물이 뿌리를 길게 뻗어 자라는 까닭은 땅속 깊은 곳에서 물을 빨아들이기 위함이에요.

▶ 실생활 문해력 - 수목원에 오세요 ◀

- **글의 종류** 안내문
- **글의 주제** 수목원 관람 안내문

1 ④ 참여 프로그램 중에서 '걸어서 수목원 속으로'는 초록수목원 안내소에 방문 접수하라고 되어 있어요. 즉, 수목원에는 안내소가 마련되어 있어요.

2 ④ 수목원에는 쓰레기통이 없으므로 쓰레기는 다시 가져가 달라고 했어요. 산책로에 버려진 쓰레기를 가져와 집에서 버린 재혁은 수목원 이용 규칙을 바르게 지켰어요.

오답 풀이 ① 화단에 들어가서는 안 돼요.

② 돗자리 설치는 금지되어 있어요.

③ 씨앗을 가져가면 안 돼요.

3 ③ 숲 해설가와 함께 식물원을 관람하는 프로그램은 '걸어서 수목원 속으로'라는 프로그램으로, 자전거를 타지 않아요.

오답 풀이 ① 걸어서 수목원 속으로는 누구나 참여할 수 있어요. 따라서 유치원생도 참여할 수 있어요.

② 자원봉사 활동에서 잡초 제거 등의 활동을 할 수 있어요.

④ 자원봉사 활동은 식물 키우기 교육을 들은 사람을 대상으로 해요.

4 '-원', '-소', '-관'은 건물이나 기관, 장소의 뜻을 더하는 글자예요.

쉬어가기

찌개(○), 찌게(×)

'찌개'란 '국물을 적게 하여 고기나 두부, 채소 등을 넣고 고추장이나 된장 등을 넣고 양념과 간을 맞추어 약간 짜게 끓인 반찬.'을 말해요. 우리가 자주 먹는 김치찌개, 된장찌개, 순두부찌개를 '찌게'로 잘못 쓰지 않도록 해요.

5일

98~103쪽

오늘의 퀴즈

1 자원　　2 유지
3 대다수　　4 한정

교과서 문해력

1 자원의 희소성
2 (1) 왜냐하면 (2) 그렇지만 (3) 그래서
3 ③
4 ③

실생활 문해력

1 ③
2 ④
3 ④
4 (1) 해동 (2) 냉동

교과서 문해력 - 현명한 경제 활동을 해요

- **글의 종류** 설명하는 글
- **글의 주제** 자원의 희소성

1 '자원의 희소성'이란 인간의 욕구는 무한한 데 비하여 자원이 한정되어 부족한 상태를 말해요.

2 (1) 빈칸에 들어갈 이어 주는 말로 '왜냐하면'이 알맞아요. 앞의 내용이 결과이고 뒤의 내용이 원인이기 때문이에요.

(2) 빈칸에 들어갈 이어 주는 말로 '그렇지만'이 알맞아요. 앞의 문장과 대립되는 내용의 문장이 이어지기 때문이에요.

(3) 빈칸에 들어갈 이어 주는 말로 '그래서'가 알맞아요. 두 문장이 원인과 결과의 관계이기 때문이에요.

3 ③ 할아버지께서 써 주신 가훈은 세상에 하나밖에 없지만, 사람들이 더 많이 필요로 하는 것은 아니므로 희소성이 높다고 할 수는 없어요.

4 ③ '희소'란 '매우 드물고 적음.'이라는 뜻이에요. 대량 생산은 기계로 똑같은 제품을 많이 만들어 내는 일이어서 '희소'의 쓰임이 어색해요.

실생활 문해력 - 남극에도 냉장고가 필요할까?

- **글의 종류** 동영상
- **글의 주제** 남극에 냉장고가 필요한 까닭

1 ③ 기지 밖으로 나가기 어려운 날씨일 때는 식재료를 가져오는 것이 쉽지 않고, 남극 기지 주변에는 온갖 동물들이 있어서 안전하게 식재료를 보관하기가 어렵다고 했어요. 즉, 바깥에 음식물을 보관하기 위해서는 일정한 온도를 유지하는 것 외에도 해결해야 하는 일이 많아요.

2 ④ 기온이 영상으로 올라가면 남극 빙하가 모두 녹지 않느냐는 댓글은 동영상의 내용과 관계가 없어요.

3 ④ '보급'이란 '물자나 자금 따위를 계속해서 대어 줌.'이라는 뜻이에요. '상속'이란 '사람이 죽은 후에 그 사람의 재산을 넘겨주거나 넘겨받음.'이라는 뜻으로, 이와 바꾸어 쓸 수 없어요.

4 (1) 빈칸에 들어갈 낱말로 '해동'이 알맞아요. '해동'은 '얼었던 것을 녹게 함.'의 뜻이에요.

(2) 빈칸에 들어갈 낱말로 '냉동'이 알맞아요.

쉬어가기

괜스레(○), 괜시리(×)

'괜스레'란 '까닭이나 실속이 없는 데가 있게.'를 뜻해요. 하지만 '괜시리'라고 말하는 경우가 많은데 이는 틀린 표현이에요.

4주

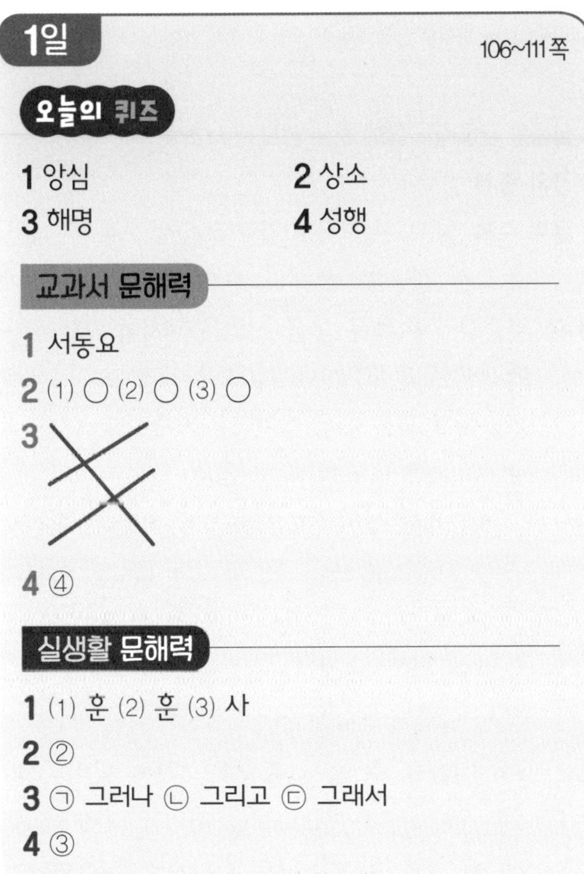

1일

106~111쪽

오늘의 퀴즈

1 앙심 2 상소
3 해명 4 성행

교과서 문해력

1 서동요
2 (1) ○ (2) ○ (3) ○
3
4 ④

실생활 문해력

1 (1) 훈 (2) 훈 (3) 사
2 ②
3 ㉠ 그러나 ㉡ 그리고 ㉢ 그래서
4 ③

교과서 문해력 - 향가 '서동요'에 대해 알아요?

글의 종류 설명하는 글
글의 주제 서동요

1 이 글은 향가 중 서동요에 대해 쓴 글이에요.
2 (1) ○ 서동요의 지은이는 백제의 서동이에요.
(2) ○ 서동은 선화 공주를 아내로 삼기 위해 서동요를 지었어요.
(3) ○ 서동요는 아이들이 주로 부르고 다녔어요.
3 서동에게 선화 공주와의 결혼은 감히 꿈도 꾸지 못할 일이었다는 것과 관련 있는 속담은 '오르지 못할 나무는 쳐다보지도 마라'예요. 이는 '자기의 능력 밖의 불가능한 일에 대해서는 처음부터 욕심을 내지 않는 것이 좋다는 말.'이에요.
아이들이 부른 노래가 신라에 다 퍼진 것과 관련 있는 속담은 '발 없는 말이 천 리 간다'예요. 이는 '말은 비록 발이 없지만 천 리 밖까지도 순식간에 퍼진다는 뜻으로, 말을 조심해야 함을 비유적으로 이르는 말.'이에요.
진평왕이 소문에는 다 그 까닭이 있다고 생각한 것과 관련 있는 속담은 '아니 땐 굴뚝에 연기 날까'예요. 이는 '실제 어떤 일이 있기 때문에 말이 나옴을 비유적으로 이르는 말.'이에요.
4 ④ 아이들은 서동에게 배운 대로 서동요를 불렀을 뿐, 거짓말인 줄 알면서 일부러 소문을 내고 다닌 것은 아니에요.

실생활 문해력 - 조선을 뒤흔든 가짜 뉴스

글의 종류 신문 기사
글의 주제 '주초위왕' 사건을 둘러싼 이야기

1 (1) 훈구파는 조광조를 눈엣가시로 생각하고 있었어요.
(2) 훈구파는 '주초위왕' 사건을 계기로 조광조를 처벌해야 한다는 상소를 올렸어요.
(3) 사림파에 속한 조광조는 백성이 중심이 되는 개혁 정책을 펴고자 했어요.
2 ② 조광조는 공신들의 수가 너무 많다며 줄여야 한다고 주장하며 그 수를 획기적으로 줄였어요. 이 때문에 훈구파는 조광조를 눈엣가시로 보았어요.
3 ㉠ 이어 주는 말로 '그러나'가 알맞아요.
㉡ 이어 주는 말로 '그리고'가 알맞아요.
㉢ 이어 주는 말로 '그래서'가 알맞아요.
4 ③ 가짜 뉴스에 속지 않기 위해서는 참고 자료의 출처가 분명한지 확인하여 뉴스의 근거가 확실한지 확인해야 해요.

지도 Tip | 독해를 할 때 정보의 신실 여부를 판단할 수 있는 능력도 중요해요. '서동요'나 '주초위왕' 일화를 통해 가짜 뉴스를 만들어 내는 사람도 문제이지만, 이것을 그대로 믿고 전파하는 사람도 문제임을 알게 해 주시고, 학생들이 그런 입장이었던 적은 없는지 생각해 보게 해 주세요.

쉬어가기

십상(○), 쉽상(×)

'십상'이란 '열에 여덟이나 아홉 정도로 거의 예외가 없음.'이란 뜻이에요. '~하기 십상이다'라고 많이 사용하지요. 그런데 '쉽상'이라고 잘못 쓸 때가 있지요. '십상'이 맞다는 사실을 잊지 마세요.

2일

112~117쪽

오늘의 퀴즈

은어, 비속어, 악성, 침해

교과서 문해력

1 (1) ○ (2) × (3) ×
2 ④
3 ③
4 ③

실생활 문해력

1 ①
2 (1) ○ (2) ○
3 가는 말이 고와야 오는 말이 곱다
4 ①

▸ 교과서 문해력 - 정보화 사회가 되었어요 ◂

글의 종류 설명하는 글

글의 주제 정보화 사회

1 (1) ○ 생활 속의 다양한 분야에서 정보화가 이루어지며 영향을 미치고 있어요.
(2) × 인터넷, 스마트폰에 지나치게 의존하면 일상생활에서 문제가 생기기도 하지만, 여러 가지 문제가 반드시 발생한다는 내용은 나타나 있지 않아요.
(3) × 정보화 때문에 어려움을 겪는 사람들이 생겨나기도 했어요.

2 ④ 해외에 사는 친구와 편지를 주고받는 것은 정보화의 발달에 따라 달라진 삶의 모습과는 큰 관련이 없어요. 해외 우편 배달은 정보화 사회가 되기 이전부터 이루어졌어요.

3 ③ 다른 사람들이 만든 자료는 절대 활용하지 않는 것이 정보화로 인해 생긴 문제를 해결하는 방법은 아니에요. 다른 사람들이 만든 자료는 허락을 받고, 어디서 인용했는지 알맞게 밝히고 사용할 수 있어요.

4 ③ 해외 인력의 국내 '유입'이 늘어나고 있다는 문장이 알맞아요. '유입'이란 '사람이 어떤 곳으로 모여듦.' 등을 뜻하는 말이에요.

지도 Tip | 새로운 단어를 학습하면서 그 단어와 비슷한 말, 반대되는 말도 찾아보면 좋아요.

▸ 실생활 문해력 - 함께 하는 정보화 사회 ◂

글의 종류 블로그 게시 글

글의 주제 스마트폰 보급 사업과 SNS 언어 순화 사업

1 ① 맞춤형 스마트폰 보급 사업은 디지털 기기 사용에 어려움을 겪는 디지털 약자에게 스마트폰을 보급하고 교육 등을 실시하는 사업으로, 이를 홍보하기 위해 알맞은 문구예요.

2 (1) ○ 식당에서 무인 난말기의 이용 방법을 몰라서 주문하지 못하는 할아버지는 디지털 약자에 해당해요.
(2) ○ 눈이 보이지 않는 시각 장애인인 예리도 디지털 약자에 해당해요.

3 ㉠에서 떠올릴 수 있는 속담은 '가는 말이 고와야 오는 말이 곱다'예요. 이는 '자기가 남에게 말이나 행동을 좋게 하여야 남도 자기에게 좋게 한다는 말.'이에요.

4 ① 전 세계 친구들과 소통하기 위해 외국어 공부를 열심히 해야겠다는 댓글은 게시 글의 맞춤형 스마트폰 보급 사업이나 SNS 언어 순화 프로젝트와 큰 관련이 없어요.

쉬어가기

곁땀(○), 겨땀(×)

'곁땀'이란 '겨드랑이에서 나는 땀.'을 말해요. 그동안 '겨땀'이라고 잘못 알고 있었다면, 지금부터 제대로 사용하도록 해요.

3일

118~123쪽

오늘의 퀴즈

대	파	미	팽	이
기	압	명	창	오
선	신	령	하	징
장	선	소	다	조
아	봉	변	감	류

교과서 문해력

1 속담
2 (마) → (라) → (다) → (나)
3 ②
4 ④

실생활 문해력

1 ②
2 ③
3 ①
4 공간적으로

교과서 문해력 - 비가 온다고요?

글의 종류 생활에서 쓰는 글

글의 주제 비와 관련된 속담

1 이 글은 비와 관련된 속담에 대해 쓴 글이에요.

2 순서대로 (가) → (마) → (라) → (나) → (나)예요. 비가 오는 날 대기의 기압이 낮아지면 뼈 안의 압력이 높아져요. 그러면 뼈 주변이 팽창하게 되면서 신경을 자극하고, 통증이 심해지게 돼요.

3 ② 새가 평소보다 낮게 나는 걸 보고 대기의 습도가 높다고 추측할 수 있어요.

오답 풀이 ① 비가 오면 공기 중의 기압이 낮아져요.
③ 날개가 있는 곤충들이 평소보다 낮게 날면 비가 내릴 수 있어요.
④ 물고기는 물속의 산소가 부족해지면 물 위로 올라와요.

4 ④ 조상들이 남긴 비와 관련된 다양한 속담을 통해 측우기가 발명되기 전일지라도 비가 오는 것에 관심을 두고 있었으리라고 짐작할 수 있어요.

실생활 문해력 - 속담 속에 담긴 날씨

글의 종류 국어사전

글의 주제 날씨와 관련된 속담

1 ② '가랑비에 옷 젖는 줄 모른다', '장마 때 홍수 밀려오듯'의 속담에서 비가 오는 날씨가 나타나 있어요.

오답 풀이 ① 바람 부는 날에 대한 속담은 나타나 있지 않아요.
③ 눈이 오는 날에 대한 속담은 나타나 있지 않아요.

2 ③ 제시된 상황은 다음 주에 예정되어 있는 시험을 미리 공부하는 상황으로, '마른하늘에 날벼락'이라는 속담의 사용은 알맞지 않아요.

지도 Tip | 유사한 낱말로 '벼락치기'가 있어요. 이는 '임박하여 급히 서둘러 일을 하는 방식.'을 말해요. '벼락치기'를 넣어 알맞은 문장을 완성해 보는 것도 좋아요.

3 ① '방귀가 잦으면 똥 싸기 쉽다'는 '어떤 현상과 연관이 있는 징조가 자주 나타나게 되면 반드시 그 현상이 생기기 마련이라는 뜻으로, 무슨 일에 대한 소문이 잦으면 실현되기 쉬움을 비유적으로 이르는 말.'을 뜻해요.

4 ㉠에 사용된 '드문드문'은 '공간적으로 가까이 있지 않고 사이가 드문 모양.'을 말해요.

오답 풀이 '드문드문'은 '시간적으로 잦지 않고 사이가 드문 모양.'을 뜻하기도 해요. 하지만 ㉠에서 사용된 '드문드문'은 콩의 싹이 제대로 드지 못하고 공간적으로 드문드문 난 모양을 뜻해요.

쉬어가기

움큼(○), 웅큼(×)

과자를 한 '움큼' 집어 먹어 볼까요? '움큼'이란 '손으로 한 줌 움켜쥘 만한 분량을 세는 단위.'를 말해요. 움켜지는 것이니 '움큼'이라는 것, 잊지 마세요.

4일

124~129쪽

오늘의 퀴즈

1 권유　　2 주식
3 일교차　　4 유제품

교과서 문해력

1 ①
2
3 핀란드
4 ②

실생활 문해력

1 ③
2 (1) 한국 (2) 일본
3 ③
4 ①

▶ 교과서 문해력 - 세계 사람들의 생활 방식 ◀

글의 종류 설명하는 글

글의 주제 기후에 따른 다양한 문화

1 ① 지역에 따라 생활 방식이 다양하게 나타나는 까닭은 지역마다 환경과 기후가 다르기 때문이에요. 사람들이 주위 환경에 적응하고 이를 이용하는 과정에서 지역에 따라 다양한 문화가 나타나요.

2 기온이 낮고 추운 지역은 보온성을 중시하는 의복 문화가 발달하였어요. 건조하며 유목 생활을 하는 지역에서는 이동이 편한 천막집의 주거 문화가 발달하였어요. 기온이 높고 강수량이 많은 지역은 쌀을 주식으로 하는 음식 문화가 발달하였어요.

3 '겨울에도 추위를 견딜 수 있도록 통나무로 만든 튼튼한 집'이라는 문장을 통해 일기를 쓴 사람이 사는 곳이 침엽수림이 발달한 지역인 핀란드임을 추측할 수 있어요.

4 ② ㉠에 들어갈 말로 '발달하였어요'가 알맞아요.

▶ 실생활 문해력 - 식사를 합시다 ◀

글의 종류 카드 뉴스

글의 주제 세계 여러 나라의 식사 예절

1 ③ 이 카드 뉴스는 세계 여러 나라의 식사 예절을 지키게 하려고 만들었어요.

2 (1) 한국에서는 어른이 먼저 수저를 든 후에 음식을 먹기 시작해요.
(2) 일본에서는 밥그릇을 손에 들고 젓가락을 이용해서 음식을 먹어요.

3 ④ 대화를 통해 세계 여러 나라의 다양한 식사 문화를 존중하는 자세를 배우게 되었어요. 우리나라 음식 문화의 우수함을 알게 된 것과는 거리가 멀어요.

지도 Tip | 다른 나라의 문화에 대해 편견을 갖지 않도록 지도해 주세요.

4 ① '맨날'이란 '매일같이 계속하여서.'라는 뜻으로, '다른 것이 없는'의 뜻이 더해지지 않았어요.

쉬어가기

구시렁대다(○), 궁시렁대다(×)

'못마땅하여 군소리를 듣기 싫도록 자꾸 함.'을 뜻하는 말은 '구시렁대다'예요. '궁시렁대다'는 '구시렁대다'의 방언, 즉 사투리예요.

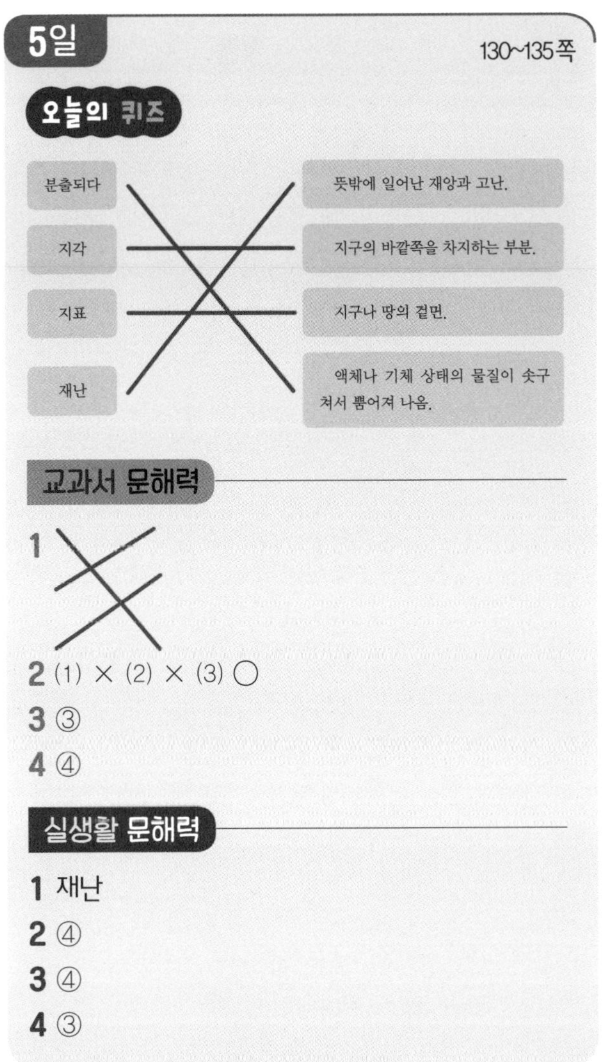

▸ 교과서 문해력 - 무서운 자연재해 ◂

글의 종류 설명하는 글

글의 주제 화산과 지진

1 용암은 액체, 화산재는 고체, 화산 가스는 기체예요.

2 (1) × 우리나라도 지진이 발생하고 있어요.
(2) × 마그마는 땅속 깊은 곳에 있는 암석이 녹은 것을 말해요.
(3) ○ 지진은 지구 내부에서 작용하는 힘을 오랫동안 받던 지층이 끊어지면서 발생해요.

3 ③ 화산 암석을 가공하여 관광 기념품으로 판매하는 것은 화산 활동으로 얻게 되는 이익이에요.

4 ④ 화산 활동으로 얻게 되는 피해뿐만 아니라 도움이 되는 부분도 있다는 것을 이야기하고 있어요. 이와 어울리는 사자성어는 '일장일단'이에요.

▸ 실생활 문해력 - 재난에서 살아남기 ◂

글의 종류 게임

글의 주제 생존 배낭에 들어갈 물품

1 이 게임에서는 재난 발생을 대비한 생존 배낭 꾸리기를 요청하고 있어요.

2 ④ 이 게임 내 퀘스트는 마을 뒤편에 있는 화산이 폭발할 때를 대비할 수 있도록 도움을 주고자 해요.

3 ④ 말굽자석은 생존 배낭에 들어갈 물품으로 알맞지 않아요. 생존 배낭에는 생존에 필요한 물품을 넣어야 해요.

4 ③ 생존 배낭에는 조리 과정이 필요 없는 통조림통, 에너지바, 라면 등 먹기 간편한 식품들을 준비하는 것이 적절해요. 반찬은 상할 염려가 있어 적합하지 않아요.

쉬어가기

닦달(○), 닥달(×)

'닦달'이란 '남을 단단히 윽박질러서 혼을 냄.' 등을 뜻하는 말이에요. '닦'이라는 글자가 어색해서인지 '닥달'이라고 잘못 쓰는 경우가 있어요. 그러나 '닦달'이 올바른 표기예요.

MEMO

MEMO

MEMO

교과서부터 실생활까지
한번에!

아이스크림 홈런 홈페이지 www.home-learn.co.kr 에서
발간 이후 발견된 오류, 정답 등의 자료를 이용하실 수 있습니다.

결국,
습관이
이긴다

초등 6년 연산,

『아이스크림 더 연산』 8권이면 끝!

이전 학습, 현재 학습, 이후 학습을 1권으로 더한 책!

개념(한눈에 쏙 들어오는 개념 정리)
연습(1일 4쪽, 1달 완성)
평가(주제별 문제를 다시 확인)

"연산력 강화에 최적화된 구성"